222 Lieder von Bernhard Bentgens
Magier der Sinne, Poet der Leidenschaft

222 Lieder von Bernhard Bentgens

Magier der Sinne, Poet der Leidenschaft

Rediroma-Verlag

Bibliografische Information der Deutschen Nationalbi-
bliothek:
Die Deutsche Nationalbibliothek verzeichnet diese
Publikation in der Deutschen Nationalbibliografie; de-
taillierte bibliografische Daten sind im Internet über
http://portal.dnb.de abrufbar.

ISBN 978-3-96103-797-1

www.rediroma-verlag.de
14,95 Euro (D)

Inhalt

lieber arnd,
hast du nicht lust , mir ein kleines vorwort vor mein
liederbuch zu schreiben?

Klaro! Bis wann?

Montag. Kurz und knackig.
Sowas in der art: „bernhard ist ein arsch
aber schreibt manchmal gute Lieder"
bist ein schatz.
BB ☺

vorWorte

Wie ist das eigentlich bei Bernhard Bentgens Liedern: ist vor dem Wort die Musik - oder ist vor der Musik das Wort? Wer Bernhard kennt, der weiß, Wort und Musik, das ist bei ihm eigentlich eins. Da verschmelzen die wundersamsten Zeilen und Geschichten mit ebensolchen Tönen und Melodien. Worte sind Inspiration für Musik – und die Musik bildet einen Resonanzraum für das Wort. Der sich selbst begleitende Sänger vereint es dann in seiner Person: Bernhard und seine Musik und seine Texte - sie sind eins und untrennbar miteinander verwoben. Da existiert offenbar ein schier unerschöpflicher musikalischer und poetischer Kosmos in seinem Kopf. Würde er noch weitere 63 Jahre leben, gäbe es weitere 222 Lieder. Und auch bei denen wären wieder wahre Perlen dabei: Ohrwürmer für alle Menschen, die noch richtig hören können, musikalische Herzwärmer, für alle, die noch ein wirkliches Herz haben, Traumschleudern und poetische Komik, für alle, die feine Ironie, kluge Verspieltheit und höhere Albernheit noch für das halten, was sie sind: wunderbare menschliche Eigenschaften, die einem helfen können, mit liebevoller Zuversicht in die Welt zu schauen.

Arnd Küppers

Liebe Leserin, lieber Leser,

anbei die Texte meiner Lieder. Sie könnten sagen:
„Aber da fehlen ja die Noten" und „Ja, wie klingt das
denn?"
„Wie soll ich das denn nachsingen, ohne die Melo-
die?" oder
„Mein Chor braucht das unbedingt als Chorsatz" oder
„Gibt's das auch auf englisch?"
Einige dieser Fragen beantwortet eine Recherche bei
Youtube
und den Rest könnte ich selbst beantworten: schrei-
ben sie mir.
Am besten über meinen Musikverlag
www.bbindalo.de oder
direkt über www.bentgens.com. Seien sie nicht
schüchtern, wenn sie
beispielsweise einen Witz nicht verstanden haben;
ich erkläre gerne Witze,
am liebsten meine eigenen.

Aber nun, viel Spaß mit den 222 Liedern,
Bernhard Bentgens

20 Jahre Zungenschlag
Text & Musik: Bernhard Bentgens

20 Jahre Zungenschlag sind 20 Jahre Glück
und trotzdem wünsch ich mir die alten Zeiten nicht
zurück

20 Jahre Zungenschlag, das ist wie eine Ehe
man singt und klatscht und lacht und weint
und kennt sich aus der Nähe
wir sahen uns in dieser Zeit so oft und immer wieder
wie sonst nur Freunde oder FamilienMitglieder

20 Jahre Zungenschlag, das ist wie ein Versprechen
man gab es sich und jetzt kann man es halten oder
brechen
Versprechen ist nicht gut für Zungenschlägers Sen-
dung
Gebrochenes Versprochenes findet keine Verwen-
dung

wie oft habt ihr euch schon gefragt, was hat das für
nen Sinn?
warum seh ich die Leut so gern, geh immer wieder
hin?
warum freu ich mich auf den Juchzer einer Frau im
Faltenrock
warum hab ich auf das Kriminalhörspiel immer wieder
Bock

warum immer neue Lieder, wer zählt denn die Alten
warum immer neue Farben in den alten Falten

Ich sag es euch, ich sag es gern, hört es aus meinem
Mund
wahre Liebe ist der Grund und Romeo der Hund

20 Jahre Zungenschlag, das ist wie ein Beweis
20 Jahre Zungenschlag sind Qualität durch Fleiss

20 Jahre Zungenschlag sind Treue ohne Reue,
noch treuer hier am Steuer bleibt immertreu der
Breuer
20 Jahre Zungenschlag sind 20 Jahre Reiz
an Hörspielen von Jean-Michel Räber aus der
Schweiz

20 Jahre Zungenschlag sind voll die Qualität
in Kleinkunst, Comedy und Band - Clown und Kaba-
rät

20 Jahre Zungenschlag sind 20 Jahre Träumen
erst in vielen, später dann in immer selben Räumen
20 Jahre Zungenschlag heisst immer nur das Beste
von unsrer Band von Schlag auf Schlag und nur die
besten Gäste

20 Jahre Zungenschlag sind 20 Jahre Nina
und 20 Jahre Rosemie die werden immer feina
20 Jahre Zungenschlag ein Zeitraum ein geraumer
und immer wieder angesagt: unser Axel Naumer

warum immer neue Lieder, wer zählt denn die Alten
warum immer neue Farben in den alten Falten

ich sag es euch, ich sag es gern, hört es aus meinem
Mund
wahre Liebe ist der Grund und Romeo der Hund

100mal gesagt

Text & Musik: Bernhard Bentgens

Ich hab dir 100mal gesagt, ich hab dich lieb,
und daß es auf der Welt nix Tolleres für mich gibt.

Ich hab's dir 100mal gesagt,
du hast mir 100mal nicht geglaubt,
jetzt möcht ich 100mal wissen,
warum du nicht glaubst, daß man so was wie dich
lieben kann.

Sei doch mal ehrlich und gib deinem Herzen 'nen
Tritt,
denn du verwunderst mich damit!

Ich hab dir 100mal gesagt, ich find dich toll.
Selbst deine allergrößten Macken mag ich voll.

Ich hab's dir 100mal beteuert,
du hieltest mich 100mal für bescheuert,
jetzt möcht ich 100mal wissen,
warum du nicht willst, daß man sowas wie dich lieben
kann.

Sei doch mal ehrlich und gib deinem Herzen 'nen
Tritt,
denn du verwunderst mich damit !

Ich find dich 100mal so wunderbar,
100mal so schön wie andre Frau'n:

Schöner als Miss Deutschland
und schöner als Miss Welt,
schöner als Miss Universum,
die mir sowieso schwer missfällt.

Sollte jemand mir das nicht glauben,
der darf das nicht, den hau' ich!
Nur du glaubst mir das nicht,
du bist Miss Trauisch!

Ich hab dir 100mal gesagt, ich hab dich lieb,
und daß es auf der Welt nix Tolleres für mich gibt.

Ich hab's dir 100mal beteuert,
du hieltest mich 100mal für bescheuert,
jetzt möcht ich 100mal wissen,
warum du nicht glaubst, daß man so was wie dich
lieben kann.

Sei doch mal ehrlich, vor allen Dingen, sei doch mal
fair
und verwunder mich nicht mehr.
Danke!

Ach Gott war ich gut

Text & Musik: Bernhard Bentgens

Wenn ich auf letzten Monat zurückblick
Dann muß ich sagen, ich war richtig gut

Ich hab getan, was ich muss und so gut ich eben
konnte
Ich hab gegeben, was ich hab ich hab genommen,
was ich krieg

Ich war witzig und brilliant – hab mich kaum selbst
wieder erkannt
Und das Leben machte mir so richtig Spass.

Ach Gott, war ich gut, ich war locker bis zum Umfal-
len
Son jungendlicher Übermut,
Ich fühlte mich wie Jonny Depp, wie Heidi Klump und
wie Madonna
wie Thomas Gottschalk, Günter Jauch und Stafan
Raab

und alles was ich sagte, dachte oder sang
war gut und hatte einen guten Klang.

Und jetzt warten alle drauf, daß das große Aber
kommt
Aber... das große Aber kommt nicht
Ich war letzten Monat wirklich richtig klasse
Witzig, spritzig, eloquent oder wie man das nennt.
Wenn ich auf letzten Monat zurückblick

Mein Gott ich war richtig gut!

Und selbst heute muß ich sagen, das ist doch eigentlich ein Traum.
Selbst das Publikum ist heut gut drauf, das war letzten Monat kaum

„Gegen Angriffe kann man sich wehren, gegen Lob ist man machtlos"
Sigmund Freud

Ade-Lied

Text & Musik: Bernhard Bentgens
(eines der wichtigsten Lieder in meinem gesamten Lebenswerk.)

Hier der Text:

„Ade, ade, ade.
Ade, ade, ade.
Ade, ade, ade, ade.
Ade, ade, ade.

Ade, ade, ade.
Ade, ade, ade.
Ade, ade, ade, ade.
Ade, ade, ade.

Ade, ade, ade.
Ade, ade, ade.
Ade, ade, ade, ade.
Ade, ade, ade.

ADS

Text & Musik: Bernhard Bentgens

Du bist immer in Bewegung, du bist immer in Aktion
du bist immer in Erregung du bist ständig unter Strom
immer ohne Überlegung, immer ohne Reflektion
du hörst nicht zu und tust als wüßtest du alles schon.

ADS selbst der Mann im Mond hat Stress
wenn er dir von oben zu sieht - dann stresst auch er
er dreht sich schneller als er müsste
macht ne Springflut an de Küste
nimmt zu und ab - nur ab und zu
gibt der Mondmann einmal Ruh - doch nicht so du

Du bist immer in Bewegung, du bist immer in Aktion
du bist immer in Erregung du stehst ständig unter
Strom
immer ohne Überlegung, immer ohne Reflexion
du hörst nicht zu und tust als wüßtest du alles schon.

Klar ist das ne Modekrankheit und anderen ham sie
auch
doch alle die dich kennen stehen mit dir auf dem
Schlauch
und überlegen wie sie helfen können, daß du nicht
mehr rappelst
wie ein Fisch am Haken ununterbrochen zappelst.
Der Beginn von deinem Drama -

Kann es sein, dass deine Mutter,
als du in ihrem Bauch
dich immer wieder anschubst:
liebes Kind beweg dich auch
wenn du still geblieben wärst, hätte ihr gedroht
wenn du dich nicht bewegst, dann bist du tot.
Also
Wenn du dich bewegst, bist du am Leben
wenn du dich nicht bewegst, dann bist du tot.

In Bauch deiner Mutter, war dieser Plan der Hit
doch seitdem du draussen bist, da nervst du nur da-
mit! Denn du bist immer in Bewegung..

ADS selbst der Psychologentest
gibt uns keinen Aufschluss
ob du je damit aufhören wirst
oder wirst du stille sein wenn du in der Kiste liegst
und die Petersilie von unten besiehst

Jetzt bleib doch mal stehen
nein nicht dir Luft zu fächeln
atme ganz tief durch
und jetzt versuch ein Lächeln:
und sprich mir langsam nach:
Ich bin nicht mehr in Mamas Bauch

immer kreativ -
immer proaktiv -
immer dominant
und immer interessant
für jeden Therapeuten
für allen andren Leuten
bist du eine Qual -
denn du hast keine Wahl:

Du bist immer in Bewegung, du bist immer in Aktion
du bist immer in Erregung du stehst ständig unter
Strom
immer ohne Überlegung, immer ohne Reflexion
du hörst nicht zu und tust als wüßtest du alles schon.

alle männer sind immer glücklich
Text & Musik: Bernhard Bentgens

es sind ja meistens männer - die kriege anzetteln,
besoffen randalieren - sexuell übergriffig werden,
die falsche fußball mannschaft unterstützen - und so
weiter

dabei ist es doch so einfach, mit männern umzugehn
du musst nur eine kleinigkeit verstehn:

alle männer sind immer glücklich
wenn du ihnen komplimente machst
alle männer sind immer glücklich
wenn du über ihre witze lachst
(selbst wenn die schlecht sind)

alle männer sind immer glücklich
wenn du ihnen honig um den bart
alle männer sind immer glücklich
oder wenn man sich mit ihnen paart

also wo ist das - wo ist das - wo ist das problem?

alle männer sind immer glücklich
wenn du sie ernst nimmst oder in den arm
alle männer sind immer glücklich
wenn du herein fällst auf ihren charme
(selbst wenn dir schlecht wird)

alle männer sind immer glücklich
wenn sie rückhaltlos bewundert werden
alle männer sind immer glücklich
als die helden hier auf erden

also wo ist das - wo ist das - wo ist das problem?

alle männer sind immer glücklich
wenn sie mit ihrem bass oder tenor
alle männer sind immer glücklich
wenn sie zusammen singen dürfen wie ein großer
chor
(selbst wenn sie schlecht singn)

alle männer sind immer glücklich
wenn das jetzt und hier geschieht
alle männer sind immer glücklich
und dann singen sie dieses lied:

alle männer sind immer glücklich
alle männer sind immer cool :‖
also wo ist das - wo ist das - wo ist das problem?
und die frauen rufen: „bravo, ihr seid toll!"

alle männer sind immer glücklich
wenn man frenetisch für sie klatscht
alle männer werden jetzt glücklich

also mädels macht kein' quatsch.

Alle meine Sorgen
Text & Musik: Bernhard Bentgens

Alle meine Sorgen, die will ich gar nicht habn
die find ich gar nicht gut,
die will doch wirklich niemand hören.
Alle meine Sorgen, die will ich gar nicht habn
die find ich ehrlich ziemlich doof.

Alle meine Sorgen sollen morgen alle weg sein.
Nein, noch lieber heute,
am besten jetz sofort,
alle weg.
(Alle Sorgen sind verschwunden.)

Jetzt weiß ich aber nicht mehr, was ich singen soll :
lalaalala...
alle meine Sorgen sind ja weg, (wie toll)
lalalalala....
da sind sie alle wieder da.

Alle meine Sorgen teil ich mit euch gern
Meine Damen und Herrn:
Dann bin ich schon mal die Hälfte los!
Die andere Hälfte schenk ich euch auch noch dazu
Dann bin ich's los und habe ich meine Ruh!

Alles muss raus!

Text & Musik: Bernhard Bentgens

Wir sind jung und alles fit und wir machen alles mit

Wir sind jung und alles guckt und wir lügen wie gedruckt

Von einer jungen fitten Welt, die alles drinnen hält

In Wirklichkeit sind wir lahm, fantasielos und ganz zahm

Fressen alles in uns rein, nach außen nur der Schein

Von einer jungen fitten Welt, die alles drinnen hält

Raus, raus, alles muss raus (3x)

da ist noch so viel in uns drin – alles muss raus!

Atomkraft und Atommüll, alles muss raus!

der entzündete Blinddarm, alles muss raus!

Das Baby nach dem 9. Monat, alles muss raus!

da ist noch so viel in uns drin – alles muss raus!

Atomkraft und Atommüll, alles muss raus!

der entzündete Blinddarm, alles muss raus!

Das Baby nach dem 10. Monat, alles muss raus!

da ist noch so viel in uns drin – alles muss raus!

Wir fressen alles in uns rein, nach außen nur der Schein

Von einer jungen fitten Welt, die alles drinnen hält

Von einer jungen fitten Welt, die alles drinnen hält

Das Geschirr aus der Spülmaschine, alles muss raus

Das Gefühl der Schuld und das der Sühne, alles muss raus

Peinlichkeiten jeder Art, alles muss raus

da ist noch so viel in uns drin – alles muss raus!

Auf du und du mit dir

Text & Musik: Bernhard Bentgens

es gibt Beziehungen wie Sand am Meer und viele
Beziehungen sind wichtig
jede kommt anders daher
und nur wenige Beziehungen sind richtig
da gibt es Mutter-Tochter, Vater-Sohn und Vater-
Tochter, Mutter-Sohn Bruder-Schwester, Schwieger-
mutter Schwiegervater, Schwiegersohn Mann und
Mann, Frau und Frau, Frau und Mann, und Mann und
Frau
eine Beziehung ist die allerwichtigste
die Beziehung deines Lebens ist die allerrichtigste
ist die nicht ganz richtig macht sie alle andern nichtig.
denn wie willst du jemand lieben, wenn du dich nicht
selber magst
die wichtigste Beziehung in deinem ganzen Leben
ist deine Beziehung zu dir - beziehungsweise meine
zu mir seine zu sich - ihre zu sich und überhaupt je-
der zu sich.
liebe deinen Nächsten wie dich selbst beziehungs-
weise lieb erst mal dich selbst
arbeite an der Beziehung zu dir unterhalt dich mal mit
dir
lad dich mal zum essen ein
am besten kochst du selber.
geh mit dir spazieren
und trink mit dir ein Bier (jeder eins) sing mit dir ein
Lied
und begleit' dich am Klavier.

du mit dir, auf du und du
red mit dir beziehungsweise hör dir zu
es gibt Beziehungen wie Sand am Meer und viele
Beziehungen sind wichtig
jede kommt anders daher
und nur wenige Beziehungen sind richtig
da gibt es die Beziehung zwischen Sand und Meer
zwischen diesem Lied und diesem Klavier zwischen
dem Publikum und mir...
aber ich mit mir, auf ich und ich
ohne mich, das mag ich nich
und du mit dir, auf du und du
red mit dir beziehungsweise hör dir zu

Auf meiner kleinen Insel

Text & Musik: Bernhard Bentgens

Schon als kleines Kind

Fühl ich mich wohl auf einer Insel
Klares Wasser, warmer Sand

Um mich her Und dieses Meer

War so warm.
Hier fühl ich mich so wohl

Hier auf meiner kleinen Insel
Nur hier kann ich wirklich sein
Wie ich will
Grinse ganz still In mich rein.

Doch heute ist das alles anders:
Ich wache auf, ich bin zu spät,
ich stehe auf, so schnell es geht.
Ich renne los, komme in Fahrt,
die Nerven bloß, gespannt wie Draht.
Ich schwitz wie blöd, wenn man so rennt,
und jeder merkt, ich hab verpennt.
Ich fühl mich mies und nass
und überhaupt ganz blass, hab keinen Spass, verstehst du das ?

Verstehste nicht, das geht nur mir
So mit der Zeit, es ist gleich 4
Muss wieder los, bin schon zu spät,
ich bin verhetzt, ich bin verdreht
ich renne mit und hinterher
ich bringe viel, doch's fehlt noch mehr
ich will hier raus und zwar sofort
ich will zurück an meinen ganz besondren Lieblings-
Ort:

Ich mach die Augen zu,

schon bin ich hier auf meiner Insel
Tauche ein ins Meer der Zeit,
Alles weit, Ich grinse ganz breit Vor mich hin.
Hier bin ich ganz allein

Nur das Meer und diese Insel
Warmer Sand im Sonnenschein
Ein paar Drinks
Warten dort links Nur auf mich.

Doch heute ist das alles anders:

Die Augen auf, bin wieder wach

Die Welt voll Ärger Stress und Krach
Und immer laut und überdreht

Und immer bin ich schon zu spät
Ja ewig kann das so nicht gehn

Ich glaub ich bleibe mal kurz stehn
Ich will nicht mehr,

will nur noch weg

Ich bremse ab

Und bleibe stehn an meinem Fleck.

Die Augen auf, das ist so hell

Das Tempo scheint mir noch zu schnell
Ich renne mit, weiß nicht wohin

Muß immer stur nur funktionier'n
Der Mensch muß sterben sowieso
Und wenn ich gehn soll, geh ich froh:
Mein Tod kann gar nicht furchtbar sein

Ich geh nicht weit
Ich bleibe hier geh in mich rein

Ich mach die Augen zu . . .

Ein paar Drinks
Warten dort links
Nur auf mich.

Außer dem Radio

Text & Musik: Bernhard Bentgens
18.10.96 Grenzhof

Schon lange her, daß ich mal für mich Zeit hatt',
schon lange her, weiß nicht mehr wann.
So viele Dinge sind's, die immer verhindern,
daß ich einmal zu mir komm. Aber jetzt:

Ich hab nichts an außer dem Radio,
und das auch nur ganz leise.
Im SDR spiel'n sie ein Lied von Billy Joel:
„And so it goes", die alte Weise.

Der Billy singt von einem Raum in seinem Herzen,
seine Zuflucht nur für ihn;
und von einem Menschen, der bringt ihm viele
Schmerzen,
denn den läßt er rein in seine Zuflucht und er sagt zu
ihm:
Brich mir nur mein Herz!
Ja, mein Gott, Billy, du hast ja wohl ne Meise?
Das würde ich nie tun, das klingt mir gar nicht weise.

Ich hab nichts an außer dem Radio,
und das auch nur ganz leise.
Allein in meinem Raum fühl ich mich richtig wohl
und geh auf eine Reise.

Da hör ich Schritte, die halten vor meiner Türe
ich halt die Luft an, doch zu spät.
Jemand klingelt, er klingelt zweimal.
Was soll ich tun, wenn der nicht geht?

Ich hör dich sagen: Isch weeß genau du bisch ja do.
Warum machschst du net uff? Mach keine Scheise!
Und ich denk:
Ich hab doch nichts an außer dem Radio,
das verrät mich jetzt ganz leise

denn Billy singt: „So I will share this room with you
and you can have this heart to break."
Ja mein Gott Billy, du hast ja wohl ne Meise!
Hast auch schon mal andere Lieder gesungen.
Und ich machs Radio aus und stell mir vor, der Billy
singt ein anderes Lied,
zum Beispiel dieses:

„I don't care what you say anymore, this is my life.
Go ahead with your own life. Leave me alone."
Ich hab nichts an, nicht mal das Radio
und geh auf meine Reise, ganz allein!

Ballade mit 39

Text & Musik: Bernhard Bentgens

Ich hab die ganze Nacht kein Auge zugemacht.
Ich hab die ganze Nacht an dich gedacht.
Ich hab die ganze Nacht gedacht, wie das wohl sein
mag,
wenn du mal nicht mehr bei mir bist.

Ich hab die ganze Nacht dies' Rätsel in meim Hirn.
Ich hab die ganze Nacht nur eins im Sinn.
Ich denk die ganze Nacht, mein Gott, wie das wohl
schön wär,
Wenn du dann wieder bei mir wärst.

Wenn ich was mach, ist immer irgendwas nicht rich-
tig,
wenn ich was mach, ist etwas grundverkehrt.
Wenn ich mal wasch, dabei ne falsche Farbe mit-
wasch
ja, ist das wirklch dann so schlimm?

Wenn ich die Wohnung putz, die Putzfrau hilft dabei,
dann ist das verkehrt, weil ich nicht selber putz.

Ich hab die ganze Nacht kein Auge zugemacht.
Ich hab die ganze Nacht an dich gedacht.
Ich hab die ganze Nacht gedacht, wie das wohl sein
mag,
wenn du mal nicht mehr bei mir bist.

Bei uns im Variété

Text & Musik: Bernhard Bentgens

Da verfliegt sich eine Dame und landet auf dem
Bauch
und alle Leute denken: Das kann ich aber auch!
Die gleiche Dame verbiegt sich und turnt und macht
'en Fez
und das Ganze in 10 Meter Höhe am Trapez:
Das gibt es nur bei uns

Der Teddybär der Osterwald ist immer dabei
der Teddy ist ein Meister mit seiner Zauberei

Devil-sticks die fliegen und Feuerkeulen auch
der ganze Laden tobt und qualmt und ist voll Rauch
Das gibt es nur im Variété
Das gibt es nur bei uns!

Bei uns ist alles in Ordnung

Text & Musik: Bernhard Bentgens

Bei uns ist alles in Ordnung,
bei uns ist alles ok!
Bei uns ist alles in Ordnung -
soweit ich das seh.

So weit kann und will ich gar nicht alles sehen
bei uns ist alles in Ordnung,
bei uns ist alles schön.
bei euch tobt der Krieg,
ihr habt gar keine Wahl
bei uns ist alles in Ordnung,
bei uns ist alles normal
bei euch gehts nicht weiter,
mit allem ist Schluss
bei uns ist alles in Ordnung,
ist alles so wie es muss
bei euch ist die Hölle,
bei euch ist alles mies
bei uns ist alles in Ordnung
bei uns ist das Paradies

bei euch brennt die Luft,
bei euch brennt die See
Bei uns ist alles in Ordnung,
bei uns ist alles ok!

Bei euch fehlt ja alles ,
wie das täglich Brot
bei uns ist alles in Ordnung,

bei uns ist alles im Lot.
Bei euch ist alles im Chaos
und alles ist wund
bei uns ist alles in Ordnung,
bei uns läuft alles rund
bei euch ist alles schwer
und alles tut weh
Bei uns ist alles in Ordnung,
so wie ich das seh
Was ich nicht seh,
das macht mich nicht heiss
bei uns ist alles in Ordnung,
weil ich nicht alles weiss

Was weiss ich noch alles - nicht
und warum weiss ich das alles nicht?
Weil die Medien mir nicht alles sagen?
sollte ich vielleicht mal fragen?
oder seh' ich da nicht viel
weil ich es nicht sehen will?

bei euch brennt der Kittel,
s'brennt unter den Nägeln
bei uns ist alles in Ordnung,
wir gehen heute segeln
und danach ins Konzert
und dann lecker essen
Bei uns ist alles in Ordnung,
den Rest kannste vergessen.
und dass das stimmt, was ich sag
das siehst du hier im Zungenschlag.

Beide Dase däuft
Text & Musik: Bernhard Bentgens

Beide Dase däuft und beide Dasendöcher sind dicht,
dicht zu bedutzen.

Beide Dase däuft, ich atbe durch den Bund,
durch den Bund krieg ich doch Duft; (atmen)
wenn bein Bund dicht wär, dann wär ich dängst hi-
düber

Ich sitz mit dir hier ganz roba-tisch
das Bonddicht däuchtet gar dicht stecht
Der Bond am Hibbel ist gigantisch
der Bond der weiss, was ich jetzt böcht.
Doch du bist ibber dur am spunzeln
du spunzelst so in dich hidein
die schöde stibbung bir verhunzeln
du bist ja so gebein. Kann ich doch dix dafür, daß

Beide Dase däuft und beide Dasendöcher sind dicht,
dicht zu bedutzen.

Ich dehbe dich in beide Arbe
und flüstre in dein dinkes Ohr
die Diebe hat so viede Daben
und dir kommt das dustig vor.
Dä, dä, dä, du hast gedacht,
ich habs gedau gehört, du hast gedacht.
dä, dä, dä, du bist gebein,
ihr wollt euch jetzt dur bei bir ei-schbeicheln,

Erst SPUNZELN und dann SPEICHELN, als nächstes bachst du bich wieder zur STECKE! Dä, dä, dix da.

Beide Dase däuft und beide Dasendöcher sind dicht, dicht zu bedutzen.
2 Bodate im Jahr hab ich den Schdupfen
da kann ich bachen was ich will,
2 Bodate im Jahr hab ich Schdupfen
nicht im Bärz, nicht im April,
auch nicht im Bai, nein, nein,
im Judi und im Judi hab ich das Geschdodder und Geschdiefe weil

Beide Dase däuft, wo däuft sie hin? Sie däuft bit eidem Tem-bo weg. Ungdaubdich!

Ich böchte dich doch doch was fragen
ich sabbel adde Edergie.
Ich find dich dämlich, wie soll ich sagen? : So dett wie die!.
Dä, dä, dä ihr habt gedacht, ich habs gedau gehört, ihr habt gedacht.
ich sag: dä, dä, dä, ihr seid gebein
Aber hat bal jeband ein DaschenDuch?

im Regensomer 1996 (Judi)

Berühmte Persönlichkeiten
Text & Musik: Bernhard Bentgens

Berühmte Persönlichkeiten - haben es nicht leicht
berühmte Persönlichkeiten - haben persönliche Be-
rühmtheit erreicht.
Und dass sie jeder kennt - sie setzten einen Trend
und konnten große Sachen machen
dass sie jeder mag oder bewundert. ///aber halt! das
stimmt doch gar nicht.

bei berühmten Persönlichkeiten scheiden sich die
Geister
für die einen sind sie Loser- für die andern sind sie
Meister.
berühmte Persönlichkeiten haben's nicht leicht.

Berühmte Persönlichkeiten - nehmen wir zb Jesus
echt tolle Eltern, Patchworkfamilie: oben den Vater
- unten die erste jungfräuliche Mutter.
und seine Religion,

- was für eine steile Karriere.
wenn die doch ohne Gewalt und Verbrechen ausge-
kommen wäre.
- und so gibt es - unglaublich
viele Menschen die mögen ihn überhaupt nicht.
berühmte Persönlichkeiten haben's nicht leicht.

berühmte Persönlichkeiten - brauchen viel Kraft
nehmen wir zb die deutsche Nationalmannschaft
mein Gott wie viele Menschen haben die bewundert,

haben mit ihnen gewonnen und gelacht.
aber wie viel mehr Menschen wurden von ihnen un-
glücklich und zu Losern gemacht.
- und deshalb gibt es - unglaublich
viele Menschen die mögen sie überhaupt nicht
berühmte Persönlichkeiten haben's nicht leicht.

Ich bin froh, dass ich nicht berühmt bin - ich kann
machen was ich will.
Will ich mich mal kratzen - stört das keine Paparaz-
zen
lieg ich mal daneben
- versaut das nicht mein Leben
Meister oder Loser, das entscheide ich
- berühmte Persönlichkeiten: die können das nich. —

berühmte Persönlichkeiten
haben es echt beschwerlich
nehmen wir zb Mohamed.
besser nicht - das ist mir zu gefährlich.

berühmte Persönlichkeiten
haben es echt schwer
nehmen wir zb die Päpstin Johanna
ach ja, die gibt es gar nicht mehr.
berühmte Persönlichkeiten
Tapferkeit und Müh'
nehmen wir zb Malala
das ist noch zu früh

Berühmte Persönlichkeiten können sich kaum retten
vor ihren Fans, die gerne mal ein Kind von ihnen hät-
ten
dabei ist offensichtlich, das sowas nerven kann,
wenn die Persönlichkeit ne Frau und der Fan ein
Mann
andererseits hilft es unbeschreiblich
die Persönlichkeit ist männlich und der Fan ist weib-
lich
berühmte Persönlichkeiten sind manchmal der Ham-
mer
und erfüllen diese Wünsche in der Besenkammer.

Ich bin froh, dass ich nicht berühmt bin - ich kann
machen was ich will.
Will ich mich mal kratzen - stört das keine Paparaz-
zen
lieg ich mal daneben
- versaut das nicht mein Leben
Meister oder Loser, das entscheide ich
- berühmte Persönlichkeiten: die können das nich.

Ich wäre so gerne dein BH

Text & Musik: Bernhard Bentgens.

Ich wäre so gerne / dein neuer BH
Dann wär ich dir immer / den ganzen Tag nah
Schon wenn du mich anziehst / mich vor dem Spiegel
ansiehst
Dann fühl ich mich so schön / Das kann nur ich dann
sehn

Ich wäre so gerne dein neuer BH
Ich hätte die Körbchen - Größe C, B oder A (oder D)
Ich würd' dich ständig kitzeln / ich würde dich bespit-
zeln
Wenn deine Knospen blühn / Das könnt nur ich dann
sehn

Ich könnte dir so passen - ganz wunderbar
Ich würd dich niemals hängen lassen- ist doch klar
wär die perfekte Hülle / Für deine runde Fülle
für deine weiche Haut / Die könnt nur ich dann sehn

Ich wäre so gerne / dein neues Dessous
Dann hättest du niemals / vor mir deine Ruh
Ich würd mich an dir reiben / es ständig mit dir treiben
Wenn dir das dann gefällt, das kann nur ich dann
sehn.

Ich wäre so gerne dein neuer BH
Dann wärst du niemals mehr im Leben in Gefahr
Wird dein Gewebe träger
Dann halten's meine Träger

Die andern sehen nix / das muss nur ich dann sehn.

Da gibt es nur eines / das könnte uns trennen
Das solltest du lassen / das ständige Rennen.
Weil wir nen Rappel kriegen
dir um die Ohren fliegen
dann wird mir richtig schlecht / und das kann jeder
sehn

Ich wäre so gerne / dein neuer BH
Das wär ein Triumpf, einfach ganz Wunderbra
könnt dich drücken, könnt dich kneifen
Hinterließe kleine Streifen
Ich wäre so gerne dein BH.

Bier ohne Alkohol

Text & Musik: Bernhard Bentgens

Die Party heute abend, die gibt gerad richtig Gas.
alle sind gut drauf, alle haben Spaß.
Alle sind so cool und tanzen n'bißchen rum
witzig, locker, einfach hip, die Party ist in Schwung.
Alle schütten willenlos den Alkohol hinein
ganz egal, ob Wiskey, Cocktails, Bier, Schnaps oder
Wein.

Alle sind schon ziemlich stramm, nur einer säuft ganz
locker
ein Bier nach dem andren, fällt trotzdem nicht vom
Hocker.
Dieser Jemand, das bin ich, ich bin heut super drauf
bin gut rasiert und frisch frisiert, Schicksal, nimm dei-
nen Lauf.
Alle finden mich ganz toll, weil ich so saufen kann
ich schütt' das Bier hinunter, als wär da gar nichts
dran.
Ich trink Bier ohne Alkohol.....gehalt.

Ich trinke Bier ohne Alkohol, alle findn mich toll.
alle denken ich sauf mit, ich wär wie sie genauso voll.
Ich sauf mit, doch geh ich nicht mit unter.
Mit unter bin ich dann als letzter munter
Ich tanze auch viel besser, wenn ich ganz nüchtern
bin
Ich tanz wie Nurejew, doch keiner guckt mehr richtig
hin.

Ich trinke Alkohol nur wenn ich muß und dann in kleinen Dosen
hab keine Angst vor Hirnverlust und vor Leberzirrhosen
und trotzdem schütt ich Bier hinein, sauf alle unter'n Tisch
ich fühl mich dabei super cool und wirk verdächtig frisch.
Die Stimmung dieser Party sinkt und alle singen mit
Der DJ ist am Ende, ich bin als letzter fit.
Ich trink Bier ohne Alkohol.....gehalt.

Ich trink Bier ohne Alkohol und komm tierisch drauf dabei
das Zeug das schmeckt wie frisch gezapft, nicht wie alkoholfrei.
Die Frau die mir die Drinks gibt, die grinst mich so nett an,
die findet das bestimmt ganz toll, wie ich mich beherrschen kann.
Die Frau sagt mir, es tät ihr leid, sie wolle mir nichts schlechtes.
Sie habe sich im Bier vertan sie gab mir immer echtes.
Das war kein Bier ohne Alkohol.....gehalt.

Bigott sind alle gleich
Text & Musik: Bernhard Bentgens

Es war 1 mal vor knapp 2 tausend Jahren
im Nahen Osten irgendwo ganz fern
da nagelten sie nen Typen an nen Baumstamm
die waren richtig sauer auf den Herrn.

Er hatte nur gemeint, es wär phantastisch,
wenn ihr Menschen n´bißchen nett zu ´nander wärt.
Alles andre könnts du voll vergessen
und alles andre wär total verkehrt.

Alles andre kannst du voll vergessen
und alles was danach kam, war verkehrt
Du kannst doch ne Idee nicht konservieren
und mit Steuern ihr das Koma finanziern.

Bigott sind alle gleich
egal ob hart ob weich
ganz egal ob arm ob reich
bigott sind alle gleich.

Es war 1 mal vor knapp 2 tausend Jahren
und irgendwie spürt das heut noch jedes Kind :
Wir wolln den Typen heut noch nicht verstehen
nur daß wir nicht mehr sauer auf ihn sind.

Wir alle wissen längst, daß er wohl recht hat
und denken uns wohl alle unser Teil.
Doch handeln lassen wir immer nur die andern
Deshalb wird bei uns jetzt alles wieder „Heil".

Bigott sind alle gleich
egal ob hart ob weich
ganz egal ob arm ob reich
bigott sind alle gleich.
Lieber Bigott
als ein Spielverderber

Bildung
Text & Musik: Bernhard Bentgens

Wenn du en bisken blöd bis und wirklich kaum wat
raffs
wenne bei nem Unfall zb nur störs und gaffs
wenne ga nix blicks und kannz zb Geschichte nicht
kapiern
wenn du nur den mund aufmachs, da kannze nur ver-
liern
wat brauchse da? ich sach et dir:

Da brauchse Bildung, Bildung und zwar nich zu
knapp
Ohne Bildung, Bildung, geht dat gar nich ab.

Dat Leben kannze manchmal nur ganz schlecht
durchschaun dat is ein echter Schlauch
dat is genau dat gleiche bei männern und bei fraun
und bei allen anderen auch
die Zeitung und dat Fernsehn, die sagen, wat se wol-
len
du weiss ja nich, wat wirklich stimmt und wat wir
glaubn sollen.
Wat is jetzt Ambach, wat is Sache?

boh, mensch Ker, kapier doch:
nur die Bildung is voll mega obercool

bis du auch noch so bildungsfern
da ham se dich noch mal so gern
die wolln nur deine Stimme
dat is ja grad dat schlimme
hömma wenn du gar nix blicks
da brauchse echt Courasch
ansonsten wirsse nix
da bis du nur der Asch

Da brauchse Bildung, B-B-B-Bildung und zwar nich
zu knapp
Ohne Bildung, Bildung, geht dat gar nich ab.

(gesprochen) Wie soll ich dir dat verklickern,
dat du ma ein Upgrade brauchs?
komma bei mich bei, ich sach dir ma wat:
Wenn du tot bis, dann ist dat für dich ja nich so
schlimm, du bis ja tot.
Aber für die anderen is dat schlimm, die müssen ja
irgendwie damit klar kommn.
Genauso is dat auch, wenne doof bis: du merkst dat
gaa nich aber die anderen müssen
irgendwie mit dir und deiner Doofheit klar kommn.

Da brauchse Bildung, Bildung und zwar nich zu
knapp
Ohne Bildung, Bildung, geht dat gar nich ab.

da iset ja einfacher nem Schluck Wasser wat beizu-
bringen: dat is die Tröpfchenbildung oder nem wei-
ßen Pferd wat beibringen: dat is dann Schimmelbil-
dung

//:Bildung://, Ein-, Nach-, Ab-, Vertrauens-, Wolken-,
Resourcen-, Rück-, Meinungs-, Fort-, Schul-, Her-
zens-, ganz Allgemein-, Aus-! (Bildung)

Buchregal

Text & Musik: Bernhard Bentgens

Ein Buch ist beileibe nicht genug
erst eins dann zwei, dann drei und vier
dann steht das Christkind vor der Tür
und schenkt dir Nummer fünf.
Fünf Bücher sind beileibe nicht genug
erst sechs dann sieben, acht und neun und zehn
doch wo sollen diese Bücher alle hin
wo soll'n die Bücher stehen, wo, wo?

Wo?

Wohin mit all den Büchern
das ist suboptimal.
Wohin mit all den Büchern
wir brauchen ein Regal.

Das Regal in dem Geschäft
das sah so herrlich aus
da haben wir es eingekauft
und bringen es nach Haus,
bringen es nach Hause.

Bücher passen viele ins Regal
da beginne ich lieber eine Liste
mit den neuen Büchern für das Regal
doch das ist eingepackt in einer Kiste.

In der Kiste sind nur ein paar Bretter
und ein Schraubentütchen drin,
endlich finde ich auf dem Boden ein paar Bretter
und ein komisches Schraubendreherding.

Oje..

Wohin mit all den Büchern
das ist suboptimal.
Wohin mit all den Büchern
-
wir laden ganz legal, digital
die gesamte Bücherwelt.
Die gesamte Bücherwelt
laden wir in das Digital-Regal.

Wenn der Buckelwal singt

Text & Musik: Bernhard Bentgens

Wenn der Buckelwal singt,
singt der Meeresspiegel mit:
und er singt wenn er sinkt
und er singt wenn er steigt
und er singt wenn er sinkt
und er singt, wenn er bleibt
und er singt, wenn er will

und er steigt, wenn er will
und er singt, wasser will

und er steigt im Wasser still

Jaul - Barup

und er isst wasser isst

und er isst wasser isst
und er trinkt wasser trinkt
wenn er Trinkwasser trinkt
und auf Krill isser wild

zB Krill den er grillt
und er isst wasser fängt

was das Wasser ihm schenkt
er singt wasser treibt

und er singt wenn er bleibt
und er winkt wenn er schubst
und er stinkt wenn er pupst
und er singt wenn er singt:

Wenn der Buckelwal singt, verstehen wir Menschen
ihn nicht
darum kommt jetzt die Übersetzung für unser Bu-
ckelwalPaar.
Zunächst Er:
Wir drehen schon seit Stunden
in der Arktis unsre Runden
offensichtlich was ich will
ich suche eine Tonne Krill.

Und jetzt Sie:
Ich bin seit 50 Kilometern am singen und am toben
schwimm doch bitte langsamer, ich muss noch mal
oben: Luftschnappen
ich bin gleich wieder da - großes Walversprechen!
Dann sag ich dir, was ich will
Am Nordpol gibt es frischen Krill
Hol doch schnell den Krillanzünder
Mach du das Essen für die Kinder.

Krillparty bei Familie Buckelwal und die ganze Familie
singt:
Krillparty bei Familie Buckelwal
und sie wackeln mit den Flossen ganz im Tiefen und
Intimen
hier wird Gesang genossen - Gesang aus vollen
Kiemen

Krillparty bei Familie Buckelwal und die ganze Familie
singt:
und trotzdem, alles was wir Menschen hören ist nur:
Jaul - Barup

und damit wir die Buckelwale ein bißchen besser ver-
stehen können
mochte ich sie bitten alle mitzusingen. Wir singen
zunächst den höchsten Ton, den wir produzieren
können allerdings mit geschlossenem Mund. Sehr
schön.
und jetzt: „Barup"

Bumm, bumm, knacks

Text & Musik: Bernhard Bentgens

Du brichst mein Herz ent2, und fühlst dich vogelfrei,
du fliegst davon, ich darf nicht hinterher.
Du brichst mein Herz ent2, das geht doch kaputt dabei.
Wenn du mir das nicht glaubst, dann hör mal her:
Bumm, bumm, knacks...

Du machst mir mein Herz kaputt, das läßt mich völlig kalt.
Ich find' dich ziemlich blöd und werd' alleine alt.
Du machst mir mein Herz kaputt, du bist 'ne dumme Kuh,
wenn ich mit dir rede, dann hör mir jetzt mal zu:
Bumm, bumm, knacks...

Du brichst mein Herz ent2, so als wär grad nix dabei,
mein Herz ist doch kein Knäckebrot oder 'n Toast!
Du brichst mein Herz ent2, ich geh noch drauf dabei!
Hör doch zu, mein Herz braucht dringend Trost:
Bumm, bumm, knacks...

Du machst mir mein Herz kaputt, das macht mir jetzt nix mehr,
das ist mir ganz egal, mit mein'm Herzschrittmacher.
Du machst mir mein Herz kaputt, aber jetzt macht mir das Spaß:
Mein Herz klingt heut ganz anders, hör mal zu, wie find'st denn das?
Bumm, bumm, bumm, bumm, knacks...

Du brichst mein Herz ent2, doch heut kommst du bei
mir vorbei,
besuchst mich auf der Intensivstation.
Mein Herz kriegt einen Freudensprung, ich fühl schon
deutlich Besserung:
gemeinsam hör'n wir auf mein EKG:
Bumm, bumm; bumm, bumm -

Du brichst mein Herz ent2, doch das ist mir einerlei,
solang du immer wieder weiter mit mir lebst.

Du brichst mein Herz ent2, doch das ist mir einerlei,
es ist so wunderschön, wenn du mein Herz dann
wieder klebst.

Coco Dolores

Text & Musik: Bernhard Bentgens

SternenKind am Himmel, im weiten SternenMeer
fliegst in unser Zimmer, wir rufen dich nicht her
kommst von ganz alleine, okay, nicht ganz allein.
du willst wohl auf die Erde in unsren Film hinein.

Ko - ko - komm doch
komm in unsre Arme
ko - ko - komm doch
komm in unser Glück.
Ko - ko - komm doch
komm in unsre Arme
ko - ko - komm doch
mache unser Glück.

SternenKind am Himmel, im weiten SternenMeer
fliegst in unser Zimmer, wir rufen dich nicht her
kommst von ganz alleine, okay, nicht ganz allein.
du willst wohl auf die Erde in unsren Film hinein.

Das bist du selber schuld

Text & Musik: Bernhard Bentgens

Du beklagst dich ständig daß dich niemand richtig
liebt
dein Leben sei ein großer Haufen Mist,
Alle Männer um dich rum sind ignorant und blöd,
die merken nicht, wie supertoll du bist.

Du glaubst, der Zug des Lebens sei endgültiig abge-
fahrn.
Du fühlst dich, wie auf Bahnsteig 20 b.
Um doch noch mitzufahren, hast du alles schon ge-
tan,
doch alles, was du jetzt tust, tut nur weh: Das bist du
selber schuld....

Wenn du am Morgen aufwachst und der Wecker ist
zu laut
du fühlst dich ganz zerschlagen du weißt gar nicht
warum
Du guckst aus'm Fenster und das Wetter ist versaut
dann drehst du dich nocheinmal um.

Dann falln dir plötzlich alle deine Sünden wieder ein:
gestern abend war wohl ziemlich was los.
Der Kopf ist schwer, die Zunge dick, der Magen mag
nicht mehr,
das Hirn fragt dich, wer bist du bloß?

Ganz langsam kommt die Erinnerung zurück
an einen wirklich supertollen Mann.
Der fand dich nett, bei dem versuchtest du dein
Glück,
du kamst bei ihm auch ganz gut an.

Er sah in deine Augen, schaut ganz tief in sie hinein
erblickt dich auf Bahnsteig 20 b
Ja, Liebes," sagte er, „ das muß ja wohl so sein,
ich sag dir mal, wie ich das seh': Das bist du selber
schuld..."

Das war gestern abend, dannach weißt du nix mehr;
ein Filmriss, da war alles aus.
Du quälst dich aus'm Bett und plötzlich wird dir klar,
du bist gar nicht bei dir zuhaus.

Da ruft es aus der Küche: bist du wach meine Susi-
maus?
und dir fällt auf, du heißt nicht Susimaus

Da ruft es aus der Küche, „Wieviel Hunger hast du
denn ?
Ich bin so hungrig, ich vernasch dich gleich
da kriegst du langsam Panik, leise fängst du an zu
flenn'n
und deine Knie werden weich.

Da öffnet sich die Küchentür, und jemand kommt heraus
es steht vor dir im gleissend hellen Licht
der Mann von gestern abend und er sieht schon wieder so gut aus
Das Schönste ist, der Mann bin ICH

Das bist du selber schuld....

Das hat alles keinen Reiz mehr für mich
Text & Musik: Bernhard Bentgens

früher dachte ich, so ein diesel-motor sei was feines
umweltschonend, etwas total reines
und um noch mehr für die umwelt zu tun
kaufte ich noch mehr fahrzeuge mit diesel

das hat alles keinen reiz mehr für mich
mein interesse ist plötzlich ganz verschwunden
wo ist es denn nur hin?
da ist kein reiz mehr und kein sinn: ich tank wieder
benzin

früher dachte ich, ein online-konto sei was feines
umweltschonend weil papierlos und dadurch etwas
total reines
und um noch mehr für die umwelt zu tun und für die
Rettung der armen Banken - stellte ich alles auf on-
line um.

das hat alles keinen reiz mehr für mich
mein interesse ist plötzlich ganz verschwunden: ge-
nauso wie mein pin
da ist kein reiz mehr und kein sinn.
wo ist denn nur mein pin? wo ist er denn denn nur
hin?

früher dachte ich, ein lied zu singen sei ganz wichtig
da verbess're ich die welt, wenn ich es schreib
und die welt wird wieder gut und richtig

mein lied wird es schon schaffen, es geht ja direkt ins
ohr
ich sang es euch ja gerade vor
jetzt singt ihr es im chor: oder auch nicht? Macht
euch keine Mühe

denn das hat alles keinen reiz mehr für mich
mein interesse ist plötzlich ganz verschwunden:wo ist
es denn nur hin?
da ist kein reiz mehr und kein sinn.
ich sing alleine vor mich hin - und nehme später
einen gin
mit tonic-water drin - trink ihn als medizin

denn das hat einen reiz noch für mich
mein interesse ist ganz plötzlich wieder da
es war nur mal kurz weg
da war kein reiz mehr und kein zweck
jetzt ist der reiz ja wieder da
weil ich wieder ganz klar - bin
und am ende macht alles einen gin.

Das ist wunderbar

Text & Musik: Bernhard Bentgens

Manchmal fühl ich mich nicht wohl in meiner Haut
und ich denk ich hab mein Leben längst versaut.
Und dann trampeln alle Leut auf meine Zehn,
weil sie mich so gerne leiden hörn und sehn.

Manchmal muß ich über 7 Brücken gehn,
doch ich bleib schon vor der 1. Brücke stehn.
Manchmal wird vom Höhenflug mein Flügel lahm,
dann bin ich nicht bei Trost,
dann muß ich einen habn.

Irgend sowas einfach nur zum wohlfühln
Irgend sowas völlig ohne Geist.
Irgendwas, wo jeder sofort mitsingt
obwohl er den Text noch gar nicht weiß:
Das ist wunderbar !

Manchmal schwebt mein Geist nicht richtig überm
Wasser
und dann plötzlich geht er unter und wird nasser.
Machmal will er gar nicht überm Wasser schweben.
Ja dann muss ich ihm was ganz besondres geben:

Manchmal geht mir alles dermaßen auf den Geist,
daß mein Geist dann schnell entschwebt oder ent-
gleist,
und dann braucht mein Geist ganz dringend eine Kur.
Eine einzge Sache hilft dann nur:

Irgend sowas einfach nur zum wohlfühlen
Irgend sowas völlig ohne Geist.
Irgendwas wo jeder sofort mitsingt,
weil er den Text schon lange weiß: Das ist wunder-
bar!

Manchmal muss ich über 7 Brücken gehn,

das ist wunderbar!
doch ich bleib schon vor der 1.Brücke stehn.

das ist wunderbar!
Manchmal wird vom Höhenflug mein Flügel lahm,

das ist wunderbar!
dann bin ich nicht bei Trost, dann muß ich einen
habn.

das ist wunderbar!

Manchmal fühl ich nicht wohl in meiner Haut,

das ist wunderbar!
und ich denk ich hab mein Leben längst versaut,

das ist wunderbar!
und dann trampeln alle Leut auf meine Zehen,

das ist wunderbar!
weil sie mich so gerne leiden hörn und sehen.

das ist wunderbar!

Und, wie findet ihr das?

das ist wunderbar!
und das gemeinsame singen?

das ist wunderbar!
Ein Gruppengefühl!

das ist wunderbar!
Wir nehmen uns an den Händen,

das ist wunderbar!
Wie findet ihr das?

das ist wunderbar!
Wir stehen gemeinsam auf,

das ist wunderbar!
Wir singen uns gegenseitig an,

das ist wunderbar!
Wir singen uns ins Gesicht:

das ist wunderbar!

Ihr dürft dann jetzt aufhören.
das ist wunderbar!

Das Leben ist so wunderschön

Text & Musik: Bernhard Bentgens

Das Leben ist so wunderschön
das Leben ist so traurig.
Ich bin ja so allein
in meinem Kopf bin ich immer
allein
allein
allein

Selbst wenn ich mit dir in meinem Bettchen lieg
selbst wenn ich mit dir durch unsern Kosmos flieg
selbst wenn ich mit dir im Paradiese lande
selbst wenn ich alles hab, selbst wenn ich alles hab
dann bin so allein
in meinem Kopf bin ich immer allein
allein
allein
allein

Selbst wenn mit dir durch Dick und dünnes geh
selbst wenn ich mit dir nur schöne Tage seh
selbst wenn ich mit dir auch schöne Nächte habe
selbst wenn ich alles hab, selbst wenn ich alles hab
dann bin so allein
in meinem Kopf bin ich immer allein
allein
allein
allein

Selbst wenn ich wenn ich mit dir n meinem Bettchen
lieg
selbst wenn ich mit dir durch unsern Kosmos flieg
selbst wenn ich mit dir im Paradiese lande
selbst wenn ich alles hab, selbst wenn ich alles hab
dann bin so allein
in meinem Kopf bin ich immer allein
allein
allein
allein

allein.

Das Luther-Denkmal

Text & Musik: Bernhard Bentgens
Für Pfarrer Otto Kammer

Jedermann kennt Martin Luther,
Niemand jedoch seine Mutter.
Diese Frau, die ihn gebar,
War für die Erziehung da.

Lieber Martin Luther,
Denk an deine Mutter.
Denk nicht erst im Koma
An deiner Kinder Oma.

Denn lieber Martin Luther
Sie war nicht nur einfach deine Mutter.
Sie war Mutter auch symbolisch,
denn sie war erz – erzkatholisch.

Doch der Bub konnt sie nur plagen,
Quälte sie mit tausend Fragen
Er dachte nicht und wünschte sich:
Mütterlein, denk du für mich!

Lieber Martin Luther,
Denk an deine Mutter.
Denk nicht erst im Koma
An deiner Kinder Oma.

Denn lieber Martin Luther
Sie war nicht nur einfach deine Mutter.
Sie war Mutter auch symbolisch,

denn sie war erz – erzkatholisch.

Die Mutter weigert 'sich und spielte Schicksal
Schrie ihn an: Mensch, LUTHER-DENK MAL!
Das Ergebnis war gewesen
Bibel Lieder und die Thesen.

Lieber Martin Luther,
Denk an deine Mutter.
Denk nicht erst im Koma
An deiner Kinder Oma.

Denn lieber Martin Luther
Sie war nicht nur einfach deine Mutter.
Sie war Mutter auch symbolisch,
denn sie war erz – erzkatholisch.

Das mach ich alles selber
Text & Musik: Bernhard Bentgens

1
Ich baue ein Schloss mit Tiefgarage
Mit Doppelstellplatz und alles gut versteckt
Ich baue ein Haus mit 1000 Fenstern
Und völlig ohne Wände
Und alles ohne Architekt

Ref: Das mach ich selber
Das mach ich alles selbst
– ich baue meine Welt auf
Das Schicksal hat da keine Wahl
Meine Gedanken machen die Dinge – real

1a
Ich bau nen Palast mit großem Orchester
Mit dem Swimming Pool davor
Der ist für das Publikum da
Ich baue ein Nest – ganz ohne Häkchen
Ganz kuschelig weich
Mit Landeplatz und einem Hangar

Ref: Das mach ich selber
Das mach ich alles selbst
– ich baue meine Welt auf
Das Schicksal hat da keine Wahl
Meine Gedanken machen die Dinge - real

Gesprochen:
Doch leider baue ich meistens nicht die schöne Welt
–

sondern meine Gedanken kreisen um die hässlichen
Dinge:

2
Ich bau meine Angst in 1000 Bildern
Und diese Bilder werden alle wahr
Ich bau diese Bilder immer weiter
Betoniere sie für alle Zeit

Ref: Das mach ich selber
Das mach ich alles selbst
– ich baue meine Welt auf
Das Schicksal hat da keine Wahl
Meine Gedanken machen die Dinge – real

3
Ich bau meine Welt durch meine Gedanken
Genau wie ich sie denke, so wird die Welt sein
Drum baue ich nur Gutes,
Denn alles was ich denke geht in die Realität ein

Das mach ich selber
Das mach ich alles selbst
– ich baue meine Welt auf
Das Schicksal hat da keine Wahl
Meine Gedanken machen die Dinge - real

Wenn du dir was wünscht für die Zukunft
Dann bleibt das in der Zukunft, kommt nicht zu dir
Du baust dir in Gedanken deine Welt
Und setzt dich rein und fühlst dich wohl
Und dann passiert genau das, was du dir wünscht
Also pass auf was du dir wünscht, - du hast es schon
erhalten

Dein Teddybär ist dir treu

Text & Musik: Bernhard Bentgens

Ich bin dein kuscheliger Teddybär.
Stell dir nur vor, daß ich dein Daddy wär.
Ich bin dein kuscheliger Teddybär.
Angst und Alleinsein gibt's bei mir nicht mehr.
Und wenn du willst, daß ich mal brummen soll,
dann drück mir auf den Bauch:

Dann brumm ich vor Zufriedenheit,
verbreite Saugemütlichkeit.
Komm ich dir dann noch schweigsam vor,
dann drück mich an dein Ohr:

Dein Teddybär ist dir treu,
dein Teddybär macht dir Mut.
Dein Teddybär hört dir zu,
dein Teddybär tut dir gut!
Dein Teddybär ist dir treu,
dein Teddybär läuft nicht weg:
Egal, wie er aussieht, ob alt oder neu:
Dein Teddybär ist dir treu!

Ich bin dein kuscheliger Teddybär,
doch eines Tages magst du mich nicht mehr.
Ich flieg in irgendeiner Ecke rum,
du findst mich überflüssig, blöd und dumm.
Du willst auch nicht mehr, daß ich für dich brumm,
ja, das drückt mir auf den Bauch:

Dann brumm ich Unzufriedenheit,
verbreite Ungemütlichkeit,
wenn ich dir nicht mehr wichtig bin,
dann brumm ich vor mich hin:

Ich bin dein kuscheliger Teddybär,
doch einen andern magst du jetzt viel mehr.
Du hast 'nen Neuen, ich bin abserviert.
Und der ist immer und überall glatt rasiert.
Mit dünnen Beinen und 'nem langen Gesicht,
doch brummen kann der nicht:

Der redet nur viel von Zärtlichkeit,
von Liebe und Geborgenheit,
und nach 3 Wochen läuft er weg,
dann klingt's aus mein'm Versteck:

Dein Teddybär ist dir treu,
dein Teddybär macht dir Mut.
Dein Teddybär hört dir zu,
dein Teddybär tut dir gut!
Dein Teddybär ist dir treu,
dein Teddybär läuft nicht weg:
Egal, wie er aussieht, ob alt oder neu:
Dein Teddybär ist dir treu!

depressionen minus depressionen
Text & Musik: Bernhard Bentgens

depressionen minus depressionen punkt net
wir freuen uns auf ihren besuch

depressionen minus depressionen punkt net
ihr besuch ist uns nicht genuch

dieses lied macht depressiv
dieses lied es klingt so schief
wenn du es zum ersten mal hörst, dann glaubst du es
kaum:
es bringt dich down, down,

daun ist eine stadt in der eifel
da wollte ich noch nie hin ohne zweifel
ich sage: down down down

falls sie glauben, eine depression zu haben, wenden
sie sich unbedingt an einen arzt!

wenn sie sich detaillierter über angst, panik und pho-
bien informieren möchten,
würden wir uns freuen, sie auf unserer Seite begrü-
ßen zu dürfen:

depressive menschen sprechen leise und langsam,
sie klingen eintönig + monoton
sie haben einen ernsten gesichtsausdruck, wirken
erstarrt

sie bewegen sich kraftlos, schleppend oder unmoti-
viert
sie ziehen oft den kopf ein, sehen jämmerlich aus und
eintönig und monoton

dieses lied macht depressiv
dieses lied es klingt so schief
wenn du es zum ersten mal hörst, dann glaubst du es
kaum
es bringt dir daunen daunen daunen

daunen sind ganz weiche federn zum drauf liegen
und diese daunen sind leicht, sie können fliegen

sie fliegen down down down

falls sie immer noch keine depression haben,
wenden sie sich bitte unbedingt an einen arzt!

depressionen minus depressionen punkt net,
wir freuen uns auf ihren besuch

depressionen minus depressionen punkt net
ihr besuch ist uns nicht genuch

diese lied macht depressiv
dieses lied es klingt sehr schief
wenn du es zum ersten mal hörst, dann glaubst du's
kaum
es bringt dich down, down, down

Ich bin immer müde und unmotiviert
meine zukunft ist hoffnungslos und schwer

beim zuhörn kann ich mich nicht konzentrieren

ich finde keine ruhe, bin rastlos und leer

mein leben ist freudlos und ohne vergnügung

ich kann keine entscheidungen fällen.

Ich bin immer müde und unmotiviert

schon kleinste aufgaben die mich quälen

zum beispiel mitmachen bei einem öffentlichen kon-
zert,
da bin ich müde und unmotiviert

jetzt soll ich auch noch mitsingen,
vielleicht gefällt es mir ja und wenn nicht: vielleicht ist
ein arzt da?

falls Sie immer noch keine depression haben,

wenden sie sich bitte unbedingt an einen arzt!

dieses lied macht depressiv
dieses lied es klingt so schief
wenn du es zum ersten mal hörst, dann glaubst du es
kaum

es bringt dir daunen daunen daunen

daunen sind sooo leicht,
sie fliegen beim allerleisesten windhauch wieder nach
oben....

Der Bubi bringts, der Bubi.
Text & Musik: Bernhard Bentgens

Der Bubi bringts, der Bubi.
Schmeiss mich an die Wand,
vielleicht bin ich ja doch dein
Bubi Prinz, der Bubi.
Der Bubi bringts, der Bubi.
Hallo kleines UFO,
nimm mich nicht mehr mit
ich will noch hier bleiben,
die machen so schön mit, ja ja,
Der Bubi bringts, der Bubi.
Der Bubi bringts, ja was denn?
Eigentlich ja nur so'n kleines
Lied, das bringts, ja was denn?
Mit Tönen, die es gleich schon nicht mehr
gibt, das bringts, ja was denn?
Der Bubi bringts, ja was denn?
Jeden Tag will ich mit euch
glücklich sein, ja was denn?
glücklich sein, ja was denn?
Glücklich sein, ja wo denn?
Ganz weit weg, bringts, ja wo denn?
Gaaanz weit we-eg, ja wo denn?
Glücklich sein, ja wo denn?
In der Sauna ist das Leben schön, da kannst du
nackte Hintern sehn
da biste original verpackt, gefühlsecht und ganz
nackt, da kannste
Glücklich sein, ja wo denn?
Hier in Heidelberg, ja wo denn? Hier kannst du

Glücklich sein, ja wo denn?
Glücklich sein, ja wie denn?
Ganz egal, was kommt, das kommt ja sowieso.
- ja wie denn?
Glücklich sein, ja wie denn?
tidideli didididi, tidideli : Das ist wunderbar.
tidideli didididi, tidideli : Das ist wunderbar.
Glücklich sein, na also !
Egal, wie du aussiehst, ob alt oder neu:
Glücklich sein, na also !
Bum, bum, knacks. Bum, bum, knacks.
Und plötzlich fällt mir ein, was meine Mutter immer
sagt
und die hat recht :
Immer, wenn's am schönsten ist, ja, ja, ja,
immer, wenn's am schönsten ist,
dann soll man aufhör'n!

Mach ma, du darfst auch und du und du und du na-
türlich auch
und der Bubi - - natürlich auch (Einsatz Akkor-
deon)noch didididididididi
Das ist wunderbare du aussiehst, ob alt oder neu, du
kannstfliege ruhig vorbei hier,
da bleib ich noch dabei.
Eigentlich ja nur so'n kleines Lied

das es gleich schon nicht mehr gibt
Jeden Tag will ich mit euch !

Der Glücksknopf
Text & Musik: Bernhard Bentgens

Das Glück ist ein kleiner Knopf.
Wenn du darauf drückst,
Dann macht es klick,
Und das ist dein Glück.

1
Oft willst du dich ja nerven
Oder ärgern über wen.
Willst jemand mit Dreck bewerfen
Oder andre dreckig sehn.

Oft siehst du nur den Kummer
Alles scheint dir ohne Sinn.
Selbst im allerschönsten Hummer
Findest du noch Gräten drin.

Das Glück ist ein kleiner Knopf.
Wenn du darauf drückst,
Dann macht es klick,
Und das ist dein Glüc

2
Oft kannst du ihn nicht sehen
Dieser Knopf ist furchtbar klein.
Doch genau vor deiner Nase.
Da flutscht er manchmal rein.

Auch du mußt einmal glücklich sein
Das nimmt dir keiner krumm
Auch du mußt 1 mal lustig sein
Ich sag dir auch warum .

3
Wenn das Leben nur noch traurig wär,
Dann wär´s nur halb so schön.
Das Glück ist wie ein kleiner Knopf,
Da mußt du nur dran drehn.

Und plötzlich bist du glücklich
Weil du glücklich sein willst
Dann fängst du an zu grinsen
Und siehst so aus, wie du dich fühlst !

Das Glück ist ein kleiner Knopf.
Wenn du darauf drückst,
Dann macht es klick,
Und das ist dein Glück.

Der Hausmeister
(Anwesende ausgenommen)
Text & Musik: Bernhard Bentgens

In Deutschland gibt es keine Monarchie mehr
Hier herrscht sogenannte Demokratie
Selbst Kanzler und Genossen müssen vorher
andre fragen: was, warum und wie.

Doch einen gibt's , der ist so unbescheiden
Der führt die Tyrannei g'rad wieder ein
Keiner mag ihn, keiner kann ihn leiden
Er ist selbstgefällig, faul und strunz-gemein.

Das ist der Hausmeister
rausschmeisst er alles, was ihn stört
Anwesende ausgenommen Hausmeister
anscheisst er alles, was ihn hört.

keiner schafft mit ihm im Team
selbst sein Chef hat Angst vor ihm

Frauen haben bei ihm bessre ChanZen
Frauen, die schön singen und schön tanzen
Und das Maul halten, wenn er sich mokiert
Über all die Dummheit, die um ihn rum passiert.

Ach Sie sind also der Künstler für heute abend?
Sie sinn doch aaa ena vun denne Leit,
die immer Stromgitar spielen und Haschtabledde ra-
che Die hamma gern gern!
Parken könnense hier aber nicht!

Ausladen schon - aber ohne mich.
Die Scheinwerfer? Die kann mann nicht umhängen.
Die Tonanlage? Die ist vor 10 Jahren so eingestellt
worden, und die bleibt so!

Ich sag „Hüh!" er sagt „Hott!" - fühlt sich wie der liebe
Gott
Ich sag „Go!" er sagt „Stopp!" – er hat sein 'eig'nen
Kopp!
Ich sag „bitte" er sagt „Nein" – mein Gott ist der Kerl
gemein:
Ich sag „da werd ich wieder gehen –"da lässt er mich
stehn!
Lass mich doch nicht hängeren – er kann's, er hat
den längeren
Hebel, und den Schlüsselbund – der Kerl macht mich
noch (r)wund!

Das ist der Hausmeister
rausschmeisst er alles, was ihn stört
Anwesende ausgenommen - Hausmeister/ klug-
scheisst er – das hält keiner aus. Meister!

Du bedankst dich trotzdem überschwenglich
Den stört das gar nicht, deine Ironie
Übertreibung ist hier unbedenklich
Denn dieser Mann trotzt jeder Therapie!
Dann rufst den Veranstalter auf deinem Handy an
der fragt nur, was ist denn das Problem?

Das ist der Hausmeister
/ klugscheisst er – das hält keiner aus. Meister!

Und so geht das immer weiter, Tag für Tag, jede Woche.
Mal heisst er Haus- Administrator – mal Facility Manager,
oder schlicht Haus-Techniker. Das klingt wenigstens
nach ZAHN Techniker
Aber es ist immer das gleiche:

Das ist der Hausmeister
klugscheisst er – das hält keiner aus. Meister!

Und wenn Du alle Sorten Hausmeister durchgemacht
hast,
- also den, der dir alles verspricht zu machen und
dann bei Beginn der Vorstellung nicht da ist,
- oder den, der sich zwar freut, dass du eigentlich
seine Arbeit machst und dann aber noch nicht einmal
den Flügel-Schlüssel findet,
- oder der kompetente Hausmeister, der schon so
viele Aufführungen erlebt hat, dass er dir schon vorher sagen kann, warum deine Vorstellung heute nicht
klappen wird,
- oder der, der dir gerade noch die Garderobe aufschliesst, dann aber verschwindet bis kurz nach der
Aufführung.

also, wenn du die alle überlebt hast, dann gerätst du
irgendwann mal an diesen hier:

Ach Sie sind also der Künstler für heute abend?
Wissen Sie, ich habe mich sehr auf ihr Kommen ge-
freut.
Ich besitze alle Ihre CDs. Am besten finde ich übri-
gens die CD „Hallo Zukunft", auf der Sie es schaffen,
die Meisterschaft ihrer Einzigartigkeit zu abstrahieren:
das ist wirklich ge-ni-al!

Das ist ein HausMeister

rausreisst er alle andern Hausmeister
Abwesende eingenommen
Das ist ein HausMeister

Als Experte ausweist er (sich)
und übrigens Klaus heisst er

und ist eigentlich ein ganz netter Kerl.

Der Trommler

Text & Musik: Bernhard Bentgens
Für Anna-Maria Frohnmeyer

Bum, bum, bum, ratarata, bum, bum, bum.

Ich bin der kleine Trommler und trommel dich in'n
Schlaf.
Die Nacht ist ja so stille, dass man Angst haben darf.
Bum, bum, bum, ratarata, bum, bum, bum.

Stell dir vor ein Teddybär,
der dicker als dein Daddy wär,
der schenkt dir einen kleinen Baum,
doch leider nur im Traum.
Bum, bum, bum, ratarata, bum, bum, bum.

Der Baum der wächst und wird ganz groß.
Du machst dir nicht mehr in die Hos'.
Und Äpfel wachsen an dem Baum,
doch erst mal nur im Traum.
Bum, bum, bum, ratarata, bum, bum, bum.

Ich bin der kleine Trommler und trommel dich in
Schlaf.
Die Nacht ist nicht mehr stille, weil man drin - trom-
meln darf:
Bum, bum, bum, ratarata, bum, bum, bum.

Und eines Tages wachst du auf
Und kletterst auf den Baum hinauf.
Und pflückst 'nen Apfel von dem Baum,
vielleicht ist das kein Traum.
Bum, bum, bum, ratarata, bum, bum, bum.

Wem schenkst du denn den Apfel dann?
Vielleicht 'nem hübschen jungen Mann?
Das interessiert dich jetzt wohl kaum?
Noch nicht einmal im Traum?
Bum, bum, bum, ratarata, bum, bum, bum.

Ich bin der kleine Trommler und trommel dich in
Schlaf.
Die Nacht ist nicht mehr stille, weil man drin - träu-
men darf.
weil man drin träumen darf.
weil man drin träumen darf.
weil man drin träumen darf.
Bum, bum, bum, ratarata, bum, bum, bum.

Wenn eine Idee nicht zuerst absurd erscheint, taugt
sie nichts. (Albert Einstein)

Der Wechsel (ein kleines Klick)

Text & Musik: Bernhard Bentgens

Ich bin's jetzt wirklich leid
Immer Hektik, nie ist Zeit
Die ganze Welt voll Stress und Streit
Und dann das schlechte Wetter

Ich hab jetzt die Faxen dick
Ich hol mir den großen Kick
Und das mit einem kleinen Klick
Ich geh weg aus dem hier und jetzt
Ich wechsel jetzt und hier ins Netz

Da könnt ihr mich mal alle
Im Falle das is ne Falle
Mit etwas Klick
Komm ich zurück
Und werde euch berichten

Ich trage gerne dicke Socken!

Text & Musik: BB Grenzhof im Januar 97

Im Süden sind die Menschen heiß-
Heißblütig und emotional bis daß es kracht.
Nur mal angenommen, ich wär auch so:
a - ha - ha - ha.
Das wäre doch gelacht.

Im Süden sind die Menschen schön.
Schön verspielt und sehr auf ihr Äußeres bedacht.
Nur mal angenommen, ich wäre auch so:
a - ha - ha - ha.
Das wäre doch gelacht.
Nur mal angenommen, ich wär auch da: im Süden.
Nur mal angenommen, was soll ich da? Im Süden?

Ich bin ein PulloverTräger, ich trage gerne warm.
Schon Pullunder sind zu kalt, die haben keinen Arm.
Wenn das Leben einfach wird, gerate ich ins Stocken.
Und vielleicht das Wichtigste: Ich trag gern dicke So-
cken!.

Ich trage gerne dicke Socken, die sind so weich, die
sind so schick
Ich trage gerne dicke Socken, weil ich sie immer sel-
ber strick.
Ich trage gerne dicke Socken, die sind für Schuhe viel
zu dick.

Ich trage gerne dicke Socken, denn dicke Socken
sind so schön
Ich trage gerne dicke Socken, das ist wie auf ner
Wolke gehn
Und hat die Wolke auch mal Löcher, da muß ich
durch mit meinen Zehn.

Schon als ich noch klein war,
sagte meine Mutter gerne
Was gut ist gegen Kälte,
das hilft auch gegen Wärme.
Trägst Socken du im Süden,
für Füße ist das dumm.
Da wird das Material ermüden,
im Süden fragst du dich : „Warum?"

Warum tun meine Socken qualmen,
das ham's zuhause nie gemacht.
Warum grad hier unter den Palmen?
Das stinkt zum Himmel, daß es kracht.
Dicke Socken stehn auf Nord
und schon sind alle Sorgen fort.

Ich trage gerne dicke Socken, so richtig dick müßen
die sein!
Dünne würd'n mich gar nicht bocken! In Dünne kriegt
mich keiner rein!
da kannst du rollen und auch rocken: Dicke Socken
müssen sein!

Dicke Socken sind modern und außerdem voll sexy
doch leider nicht überall, zum Beispiel nicht in Mexi-
ko - lumbien auch nicht, da tun die Leut die Nase
rümpfen
für die bin ich der Depp,
mit meinen dicken Strümpfen:

Ich trage gerne dicke Socken, denn dicke Socken
sind so -hm - ah - ffff - uh - so kuschelig.

Und haut's mich einmal aus den Socken,
ich komm zum Herrn, der alles strickt,
dann könnte eines mich nur schocken:
Wenn's oben keine Socken gibt!

Die Blume
Text & Musik: Bernhard Bentgens

Zuhause steht auf meinem Tisch
ein Blumentopf ganz bunt und frisch

Ich rede mit der Blume viel
obwohl sie lieber schweigen will.

Sie sagt mit ihrem Schweigen oft,
genau, was ich erhofft.

Du liebe Blume sage mir,
bevor ich den Verstand verlier,
wie machst du das?

Wie geht das, einfach so zu leben?
Nichts zu nehmen, sondern geben?
Wie machst du das?

Wie geht das, immer da zu stehn,
das Leben um dich rum zusehen.
Die andern machen alle Faxen
und du tust nichts als wachsen.
Wie machst du das?

Du lebst einfach so in den Tag hinein
Ich will auch so sein, wie die Blume.

Da kommt ne Biene mit Gebrumm.
du schweigst immer weise rum.
Wie machst du das?

Die Biene wühlt in deinen Blüten
als wärn das für sie Einkaufstüten.
Wie machst du das?

Du kennst die Biene doch gar nicht
vielleicht ist sie ein Bösewicht
sie kreuzt dich mit Rettich und Kresse
dann riechst du immer aus dem Mund.
Blume, du wirst auch nicht jünger
da hilft dir auch kein Blumendünger.
Was machst du dann?

Irgendwann machst du mal schlapp
dann falln dir alle Blätter ab.
Was machst du dann?

Du mußt mir keine Antwort sagen
du mußt nichtmal Fragen fragen:
wie machst du das?

Du lebst einfach so in den Tag hinein,
aus dem Tag heraus, in die Nacht hinein,
aus der Nacht heraus, in den Tag hinein.
Ich will auch so sein, wie die Blume.

Willst du meine Freundin sein?
Ich schwör, ich laß dich nicht allein:
Wie mach ich das?

Ich komm zu dir in deinen Topf
und laß ihn draußen meinen Kopf.
Wie mach ich das?

Dann sind wir Blumen, die man liebt,
doch niemand, der uns Wasser gibt.
Das würde mir ganz furchtbar stinken
ich würd mit allen Blättern winken,
ich würde alle Bienen nerven
und aus dem Topf mit Erde werfen.
Jeder Mensch denkt sich:
„Au Backe, diese Blume hat 'ne Macke!"
Du daneben machst das richtig
du nimmst dich nicht ganz so wichtig.
Wie machst du das? Wie machst du das?

Du lebst einfach so in den Tag hinein
aus dem Tag heraus, in die Nacht hinein
aus der Nacht heraus, in den Tag hinein.
Ich will auch so sein, wie die Blume.
Du lebst einfach so in den Tag hinein
Ich will auch so sein, wie die Blume.

Die Blütezeit ist rum

Text & Musik: Bernhard Bentgens

Seitdem du weg bist, veränd're ich mich schwer
lass alle Blätter hängen, ich vermisse dich so sehr
ich fühle mich wie eine kleine blaue Blume
ganz zart und scheu und klein und eher schlicht.
ich fühle mich verlassen oft, ich fühle mich wie das
Vergissmeinnicht.

Seitdem du weg bist, veränd're ich mich schwer
lass alle Blätter hängen, ich vermisse dich so sehr
Ich fühle mich wie eine kleine grüne Blume.
Rieche aromatisch doch trag ich unscheinbare Dol-
den wie kleine Glöckel
und weil ich immer Lust hab, fühl ich mich wie ein
Liebstöckel

Frauen sind wie eine Rose, so zart wie eine Orchi-
dee,
ich fühle mich wie Sauerampfer oder dreiblättriger
Klee.
Wenn ich mich wie vierblättriger Klee fühlen könnte,
da ging es mir gleich besser, denn alle woll'n mich
haben, jeder sucht mit mir den Spass, nur du wahr-
scheinlich nicht, denn dir bin ich zu blass.

Frauen sind so wunderschön in ihrem Frühjahrsstaat
dagegen fühle ich mich, wie weich-gekochter Spinat
oder wie angemachter und liegengelassener Salat
oh, ich war mal lecker, so frisch und delikat.
doch die Blütezeit ist rum , ja die Blütezeit ist rum
wenn du Blüten willst, die sind schnell vorbei, da fall
nicht drauf rein, Augenwischerei
erst das was später kommt wird richtig fein – die Blü-
tezeit ist rum

Jetzt geht das erst los, jetzt kommt die Zeit der Reife
jetzt klappt das Leben, bloss weil ich es jetzt begreife
was vorher war: alles Killefit und pubertäre Betäu-
bung
das konnt'st du nie geniessen, wie die allererste Be-
stäubung
doch jetzt weisst du wie das geht --- warum die Welt
sich dreht — ja die Blütezeit ist rum
Seitdem du weg bist, veränd're ich mich schwer
jetzt fühl ich mich wie eine große Pflanze
fühl nicht nur im Detail mehr, jetzt fühle ich das Gan-
ze
das Leben ist nicht mehr nur ein Traum
ich fühl mich wie ein Baum.

Die Flasche wird nicht dichter

Text & Musik: Bernhard Bentgens

Trauer ist son Ding! Da steckst du mitten drin!
Du kommst dir vor wie eine Flasche
Randvoll mit Trauer angefüllt
Mit Trost und Zuspruch zugemüllt
Und du kommst langsam auf den Trichter:
Die Flasche wird nicht dichter.
Da kommt immer noch was raus: Trauer ist son Ding!

Trauer ist son Kloß! Den wirst du nicht mehr los!
Der macht dir deine ganze Brust voll – von innen
Voll mit sonem Zeug, das kribbelt wie Spinnen
Und fühlt sich an wie Regen nach nem Regen ohne
Regenbogen
Wie ein Kissen, das der Seele die Luft nehmen will
Wie eine aufgepumpte Rettungsweste in der Wüste
Wie eine Flasche, die nicht schließt
Doch die Flasche wird nicht dichter
Die muß oben so ein Loch ham .
Da kommt immer noch was raus:

Trauer ist son Saft! Der gibt dir wahre Kraft!
Das Leben geht weiter!
Das Leben geht rum! Wenn du das nicht glaubst,
dann bist du voll
Daneben geht's weiter!
Das Leben geht weiter, das Leben geht rum.
Nun krabbel doch weiter und frag nicht warum!

Trauer ist son Ding! Da steckst du mitten drin!

Die macht dich zum Bersten prall
Die will da raus wohin ist egal
Du lässt los und lässt sie laufen
Vor Trauer könnt'st du fast ersaufen
Dann bist du leer und fühlst dich flau
Und doch weißt du ganz genau
Die Flasche wird nicht dichter!
Die muß oben so ein Loch ham .
Da kommt immer noch was raus:

Trauer ist son Saft! Der gibt dir wahre Kraft!
Das Leben geht weiter!
Das Leben geht rum! Wenn du das nicht glaubst,
dann bist du voll
Daneben geht's weiter!
Das Leben geht weiter, das Leben geht rum.
Nun krabbel doch weiter und frag nicht warum!

Die Flasche wird nicht Dichter 2
Text & Musik: Bernhard Bentgens

Jeder Mensch hat ein System
Damit löst er sein Problem
Mein System ist halt ein bißchen anders.

Andre Leute trinken viel,
ergeben sich dem Glück, dem Spiel
Andre angeln sich die Brut des Zanders.

Jeder Mensch wird inspiriert
lebt nach Schema kompliziert
mein System ist halt ein bißchen einfach.

Andre Leute trinken Wein
Ich lass sowas lieber sein
Und fahr nach NeckarSteinAch

Die Meise

Text & Musik: Bernhard Bentgens

Leise ganz leise
kommt der Wahnsinn kommt die Meise
leise ganz leise
und plötzlich ist sie da.

Eine Meise bleibt nicht lang alleine
eine Meise macht noch keine

Eine Meise bleibt nicht lang alleine
und kurz nur ist das Meisenglück zu zwein.
Und dann flüstert sie ihm leise :
Du ich glaub, ich krieg ne Meise
und dann bauen sie ganz schnell ein Eigenheim.

Eine Meise fliegt und holt den Baustoff
die andre Meise baut und legt ein Ei.
Und nach spätesten 2 Wochen
kommt aus diesem Ei gekrochen
Eine neue Meise das ist Nummer Drei.

Eine Meise macht noch keinen Sommer
eine Meise macht noch keinen Schnitt

Eine Meise bleibt nicht lange leise
wenn sie leise bleibt, bleibt sie allein.
Ist sie lang alleine dann ist sie wohl eine Waise

Leise WaisenMeise auf der Reise in das Glück
auf der Reise über Geleise und zurück.

Die Musik sagt mir immer, was ich fühle
Text & Musik: Bernhard Bentgens

Ja, die Musik sagt mir immer was ich fühle
Wo's emotional lang geht, weiss sie schon.
Sie sagt zu mir: Jetzt geh und fühle!
Sie sagt mir ganz exakt die richt'ge Emotion.

Musik, wunderbar romantische Musik
Musik, du fliesst mir in die Adern bis ich flieg
Musik, bist eine Schwingung der Physik

Musik macht das Leben erst an
Musik macht das Leben erst aus
Musik macht das Leben erst lebenswert schön
Musik lässt uns die Farben sehn.
Musik lässt uns die Farben hör'n
Musik lässt unsern Geist betör'n

Musik weckt den Saft
Musik gibt dir Kraft
Musik lässt dich fühlen, wer du bist
Musik gibt dir Mut
Musik tut dir gut
Musik zeigt dir, wie das Leben ist:
Mal weich, mal hart
Mal furchtbar zart
Mal langweilig und öd
Mal spannend aber blöd
Mal ganz unendlich tief
Mal kitschig intensiv
Mal gradeaus und klar

Wo's vorher neblig war

Musik, wer hat dich ausgedacht?
wer hat dich so schön gemacht?
Ja, wer denkt sich sowas aus?
Wem fällt sowas ein?
Das muss die grösste Liebe sein!

Musik, so tolerant, wie die Liebe
Musik, du vergoldest unsere Triebe

Ein jegliches Gefühl
Egal wie heiss, wie kühl
Du drückst es uns auf's Ohr
Egal ob stille Trauer
Ob gnadenlose Power
Du spielst alles vor.

Musik, du bist die Sonne,
die uns wärmt
Für die der Klassiker wie auch der Punker schwärmt
Musik, du bist der Mond,
der unter meiner Decke steckt
Und jede Nacht für uns ganz sacht den Eros weckt.
Du bist Ramazotti für die Verdaung.
Und ein Hochgerüst für die Erbauung.

Shake my body all night long
Romantik Lied und cooler Song
Musik, trage mich davon
Shake my body all night long
Schüttel meinen Körper

und schütt in mich hinein
Mein Elixier das Lebens
Musik in Reimform
Musik bringt die Leidenschaft

Das Leben ist ja manchmal nicht von Feinsten
Das Leben ist ja manchmal nur „naja"
Dann fragst du dich: „Was weinsten?"
Da war doch noch was, haja. (jaja)
Da war doch noch was
ganz was Exquisites
Das bringt mich jedes Mal
wieder nach vorn
Jeder hört es, doch keiner sieht es
Es ist grad wie 'ne Rose ohne Dorn.

Die Nacht zum Tag

Text & Musik: Bernhard Bentgens

Ich geh durch die Nacht
und hör die Turmuhr,
die 12mal schlägt.
Sie macht // ding - dong //
alles schläft.

Ich geh durch die Nacht
und hör den Regen auf meiner Stirn.
Er macht: // plitsch, platsch //
alles nass.

Ich hab im Ohr das alte Lied
„Geh auf der Sunny Side Of The Street."
Das ist ja nachts gar nicht so einfach!

Ich treff in der Nacht
auf eine Frau, bei der wird mir warm.
Sie geht // trip - trap //
immer hin und her.

Sie trägt einen Schirm
und ist ne Schlampe mit sehr viel Charme.
Sie sagt: // schnick - schnack //
komm doch näher!

Ich schaffe immer nachts
drum heiß' ich „Nachti"
komm, wir feiern eine Pachti!
dann wird es um uns wieder hell!"

Da wird die Nacht zum Tag –
mit Nachti - Schlampe.
unter ihrem Schirm
da geht die Sonne auf
Da wird die Nacht zum Tag –
mit meiner Nachti - Schlampe.

Wir gehen durch die Nacht /
und reden uns ganz wach
sie sagt // schnick - schnack //
ich sei so blass

Sie meint, ich soll mich etwas pflegen
mich mal in die Sonne legen
Das ist ja nachts gar nicht so einfach!.

Doch auf der anderen Straßenseite,
ist ein Laden, eine Sonnenbank:

Die heißt: // Sun - shine //
Da gehn wir rein.

Wir liegn in der Sonne //
mitten in der Nacht
und schwitzen: // plitsch, platsch //
alles nass.
// sun - shine war da was?
// schnick - schnack, keinen mehr
// zick - zack immer mehr
// flick - flack, hinterher
// ying - yang, stundenlang

Ich wache auf allein in meinem Bett
bin vom Traum verschwitzt oh, Schreck!
Da ist: // plitsch, platsch // alles nass!
.

Neben meinem Bett /
stehst du mit deinem Schirm,
geliebte Nachtisch-lampe
du flick - flack - flackerLampe /
oh wie ich dich mag

Machst mir die Nacht zum Tag - meine Nachti
Schlampe.
unter deinem Schirm
da geht die Sonne auf
Da wird die Nacht zum Tag –
mit meiner Nachti Schlampe.

Du bist mir die liebste,
nicht die Schreibti-Schlampe,
oder die ordinäre Küchenti-Schlampe.
So, jetzt hab ich dich aber lang genug angemacht,
du hast ja schon eine ganz heiße Birne.
Gute Nacht.

Die Pause ist viel zu kurz!

Text & Musik: Bernhard Bentgens

Endlich ist die Stunde aus, ich renne in die Pause.
Wie gern hätt' ich schon schule aus, wie gern wär ich
zu Hause.
Die Sonne lacht, ich lache mit, ein Vogel singt im
Flieder.
Ich freue mich, weil Pause ist -
da klingelt es schon wieder.
Die Pause ist viel zu kurz!

Endlich geh' ich in die Pause und renne über'n Hof,
da treff ich da den Egon, doch der Egon der ist doof!
Also renn ich in die andere Ecke
denn da steht mein Freund Frieder
doch kaum komm ich bei Frieder an -
da klingelt es schon wieder.
Die Pause ist viel zu kurz!

Wieder ist die Stunde aus, ich fange an zu träumen.
Ich träum' ich wäre Tarzan und ich stürz' mich von
den Bäumen.
Ich mache mit beim Elefantenrennen und bin Sieger.
Und dann rett' ich noch Miss Piggy -
doch da klingelt es schon wieder.
Die Pause ist viel zu kurz!

Die nächste Pause renn ich schnell zu Geli - denn
Geli die ist Spitze
Los, komm doch mit zu GEli, denn die weißß die
neu'sten Witze.

Da ist ein Missionar im Urwald und dann kommt der
Tiger.
Da sagt der Missionar zum Tiger …
da klingelt es schon wieder.
Die Pause ist viel zu kurz!

Die Welt ist gross
Text & Musik: Bernhard Bentgens

Du bist gross, du bist stark und siehst aus, als ob du
ganz gut alleine klar kommst.
Doch ein winzig kleiner Virus haut dich um, dass du
vielleicht gar nicht wieder hoch kommst.
Die Welt ist gross, die Welt ist stark und sieht aus, als
ob sie ganz gut alleine klar kommt.
Doch
die Welt hat Schnupfen:
Hat Sie!
Ein Ozonloch.

Hat Sie!
Globale Erkältung.
Hat Sie!
Globale Erwärmung.
Hat Sie!
Zuviele Kriegsherde!
Hat Sie!
Zuviele Intolerante Religionen! Hat Sie!
Gesundheit!

Hat Sie nicht!

Die Welt ist krank, die Welt ist schlapp, die Welt ist
irgendwie schlecht drauf, was soll bloss werden?
Die Welt hat einen Virus, der ihr immer mehr zu
schaffen macht, den will sie sicher bald los werden.

Die Welt hat Bazillen.
Hat Sie!
Die Welt hat Allesdreckigmacher.
Hat Sie!
Die Welt hat Erdkrustenaufwühler.

Hat Sie!
Die Welt hat Flussversiegler, Meerveröler
Hat Sie!
Die Welt hat Erdölabsauger.

Hat Sie!
Die Welt hat Leereversprechungenmacher.
Hat Sie!
Die Welt hat Vielversprecher und Nichtshalter Hat
Sie!

Die Welt ist gross, die Welt ist krank: drum braucht
sie viele, die sie pflegen und einfach lieb haben!
Die Welt ist wie unser Oma ihr klein Häuschen und
wir sind dran das zu verpicheln
Die Welt ist wie ein Gummiboot, das kommt in Not,
wenn wir nur immer sticheln.
Die Welt ist wie ein leeres Bankkonto viel zu abgeho-
ben weil niemand mal was einzahlt.
Doch die Welt hat uns Menschen
Hat Sie!
Verantwortungsvolle Menschen
Hat Sie!
Wie die Buchhändler

Hat Sie!
Das sind super Typen, die machen was!
Hat Sie!
Und das ist ansteckend

Hat Sie!
Die haben die Nase voll

Hat Sie!
Und drehen sie in den Wind

Hat sie!
Die Welt hat grosse Taschentücher:
Hat Sie nicht!

Die Welt ist wie eine Discokugel. Solang sie sich
dreht, ist immer was los und die Party geht (anschei-
nend) weiter.
Doch irgendwann ists dunkel und kein Strom mehr
da, erst dann sind wir gescheiter.
Ja aber dann ist es zu spät-

Die WG des Herrn

Text & Musik: Bernhard Bentgens

Die Welt ist eine große Wohngemeinschaft
Vielleicht ein bisschen groß
-
Doch immer ist was los
Immer sind noch Zimmer frei
-
Immer ein Chaot dabei
Einer trinkt das letzte Bier
-
Keiner spült Geschirr
Die Welt ist eine große Wohngemeinschaft und jeder
hat den Schlüssel in der Hand

Die Welt ist eine große Wohngemeinschaft
Solang der Nachbar es nicht sieht
Ist jeder seines Glückes Schmied
Und plündert ohne Weh und Ach
Des Mitbewohners Kühlschrankfach
Von der Wiege bis zur Bahre

Kriegen sich alle in die Haare
Die Welt ist eine große Wohngemeinschaft und jeder
hat den Schlüssel in der Hand

Die WG des Herrn ist unergründlich
Mache Mieter wechseln stündlich

-
Manche Mieter wechseln nie

Die WG des Herrn ist unergründlich
Verträge gibt's nur mündlich

-

Und irgendwie klappt es nie –

Die Welt ist eine große Wohngemeinschaft
Dem einen ist sie Harmonie

Dem anderen bittre Therapie
Aus jedem Zimmer dringt Musik
Die Kloschüsseln sind echt antik
und mit dem richtgen Karma

ist's wie im Hotel Mama
Die Welt ist eine große Wohngemeinschaft und jeder
hat den Schlüssel in der Hand

Der Weg ist das Ziel

doch das Ziel ist im Weg
beweg dich zum Ziel

aber ziel auf den Weg
Du darfst kein Ziel haben
– nur einen Weg
Ohne Ziel ist jeder Weg:

DEIN Weg.

Der Weg ist falsch

wenn du ein falsches Ziel hast
Der Weg ist immer richtig,

wenn du gar kein Ziel hast
Aber höre nicht auf andre,
die dir sagen, was und wie:
du hast keine Chance

also nutze sie.

Die WG des Herrn ist unergründlich
Die WG ist das das Ziel

doch das Ziel ist im Weg
Die WG des Herrn ist unergründlich
Die WG ist als Ziel

nur das Mittel zum Zweg

Die Welt ist eine große Wohngemeinschaft und jeder
hat den Schlüssel in der Hand

Dieses Lied feiert nur sich selbst
Text & Musik: Bernhard Bentgens

Der Weg ist das Lied - und das Lied ist Gefühl -
ich geh - fühl das Leben

Das Ziel ist ein Lied - und ein kluger Gedanke -
ich geh - danke dem Leben

ein Lied ist ein Weg und es ist was es ist -
und alles ist eitel vergänglich

der Weg ist im Lied - und das Ziel ist das Lied -
und das Lied bleibt für immer unendlich-

so oder so wird ein Lied draus - da kann ich machen
was ich will, da wird ein Lied draus - so oder so.

Dieses Lied hier und heute, wer wollte das bestreiten
es ist das wichtigste Lied der Welt und aller Zeiten

ein Lied: ist die vielleicht schönste Vernichtung von
Lebenszeit
in dreieinhalb Minuten macht es deine Sinne bereit

für fühlen und hören und lachen und weinen und al-
les so kurz und alles in einem oder so - so
oder so wird ein Lied draus

Es gibt so viele Lieder schon - wir brauchen keine
neuen

und wenn sich alle Menschen auf Lieblingslieder
freuen
was braucht es dann ein Lied, das keiner kennen
kann
wen macht denn dieses neue Lied an?
Es gibt Lieder mit Humor - und mit und ohne Chor
Lieder für danach und Lieder für davor
Lieder zum zuhörn und Lieder zum Tanzen
Lieder speziell und im Großen und Ganzen
Lieder zum Führen und Lieder zum Betütteln
Lieder die dich rühren und Lieder die dich schütteln

Glaube Lieder Hoffnung diese drei -
am größten ist das Lied dabei - oder so

so oder so wird ein Lied draus - dann kann ich ma-
chen was ich will, da wird ein Lied draus - so oder so.
Und dieses Lied feiert nur sich selbst. So oder so!

Disziplin

Text & Musik: Bernhard Bentgens

Du musst dich schon ganz früh in deinem Leben ent-
scheiden, ob du normal oder besonders sein willst.
Und wenn du was besonderes sein willst, dann musst
du auch was besonderes können. Und um etwas echt
besonders gut können zu können, musst du früh an-
fangen und arbeiten. Mit Disziplin, sonst wird das nix.

Ohne Disziplin haut dir nie was hin
ohne Disziplin kommst du nie auf grüne Zweige
Ohne Disziplin haut dir nie was hin
ohne Disziplin spielst du nie die erste Geige

doch auch keine zweite Geige no me dispiace
die dritte Geige nennt man anders das ist nur die
Bratsche
Cello spielen kann jeder, da werden viele häng'
für etwas besonderes wird es dann schon eng

Ohne Disziplin hast du immer Spass
doch du spielst nie mehr als nur den Kon-trabass

Drum schreib ich jeden Tag ein Lied
weil bei mir so viel geschieht
Ich schreib mir alles von der Seele
und sing aus voller Kehle
jeden Tag ein neues Lied

Disziplin, Disziplin:

schnabel dabel dubel dip schnabel dabel dubel
Disziplin, Disziplin:
schnabel dabel dubel dip schnabel dabel dubel
Dies ist die Medizin:
schnabel dabel dubel dip schnabel dabel dubel
und Fleiß!

es gibt keine Überflieger
es gibt keine faulen Sieger
es gibt keinen Sieg für umme
keine Bienen ohne Blume
keine Blume ohne Biene
keine warmen Pinguine
nur ganz selten und ganz schwer
ein Kind ohne Verkehr.

Drum schreib ich jeden Tag ein Lied
und Sonntags auch mal einen Hit
Übung macht den Unterschied
alles andere Schall und Rauch

Ich schreibe jeden Tag ein Lied
ich bin meines Glückes Schmied
das geschieht mir recht - und billig ist es auch
(ich muss ja kein Lied bezahlen....)

Mein Schweinehund, mein Schweinehund,
wo ist denn nur mein Schweinehund?
Ich muss ihn erst mal finden
um ihn zu überwinden.

Wenn ich dann gemütlich in der Hängematte hänge

einen Longdrink in der Hand in voller Länge
dann denk ich dran, wie ich hier zu den Meistern kam
und schau mir all die andren großen Geister an
Sie alle eint, was erfolgreich scheint
und was jeder großer Meister meint:

Disziplin, Disziplin:
schnabel dabel dubel dip schnabel dabel dubel
Disziplin, Disziplin:
schnabel dabel dubel dip schnabel dabel dubel
Dies ist die Medizin:
schnabel dabel dubel dip schnabel dabel dubel
und Fleiß!

Ohne Disziplin bleibst du Mittelfeld
ohne Disziplin läufst du immer nur im Rudel
ohne Disziplin wirst du niemals Titelheld
trinkst du niemals SiegerSekt,
sondern warmen Sprudel

Sprudel sollst du trinken gegen Durst
im Leben geht es aber um die Wurst
ohne Disziplin statt Arbeit willst du Spiel
ohne Disziplin kommst du sicher auch ans Ziel
ohne Disziplin im Ziel schreist du Hurra
doch leider waren alle andren vor dir da.

Dran sein

Text & Musik: Bernhard Bentgens

Wenn du denkst, daß keiner dich lieb hat
und daß es auf der Welt wohl kaum nen dümmeren
gibt, wie dich.

Wenn du denkst, daß deine Mutter dich schon immer
gehasst hat
und daß es nie einen gab, der dich wirklich liebt,
dann wird da ja wohl auch was dran sein,
das redest du dir doch nicht nur ein.
Dann wird da ja wohl auch was dran sein,
wahrscheinlich ist ja jedes Wort wahr?
Wahrscheinlich ist ja jedes Wort wahr?
Wahrscheinlich ist ja jedes Wort wahr!

Wenn du denkst, daß dein Papa dich schon immer für
nen Trottel hielt.
Und wenn du denkst, das Leben bringt dir sowieso
nur Pech.
Und wenn du denkst, du gehst allen tierisch auf die
Nerven
und du merkst, daß du dich selber am meisten nervst,

dann wird da ja wohl auch was dran sein,
das redest du dir doch nicht nur ein.
Dann wird da ja wohl auch was dran sein,
wahrscheinlich ist ja jedes Wort wahr?
Wahrscheinlich ist ja jedes Wort wahr?
Wahrscheinlich ist ja jedes Wort wahr!

Na, nun seid doch mal ehrlich, das kennt ihr doch
auch. Ja, oder nicht, oder gehört ihr etwa zu den Leu-
ten, die immer sagen: Ach, weißt du, ich hab damit
keine Probleme, ich bin der Größte! Ja, da gibt's echt
Leute die das sagen. Menschen die so was sagen
haben eine total gestörte Selbstwahrnehmung. Die
brauchen einen Psychiater. Aber tief drinnen spüren
die wohl auch, daß sie nicht das Gelbe vom Ei sind,...

dann wird da ja wohl auch was dran sein,
das redest du dir doch nicht nur ein.
Dann wird da ja wohl auch was dran sein,
wahrscheinlich ist ja jedes Wort wahr,
wenn du denkst.

Du bist ein Geschenk für mich

Text & Musik: Bernhard Bentgens

Manchmal wenn ich traurig bin,
zum Beispiel wenn es regnet.
Das Leben macht ja kaum noch Sinn,
wenn Schlimmes dir begegnet.
Dann gibt es nur wenig,
das meine Stimmung hebt
und das hab ich schon hundert Mal,
nein Tausend Mal erlebt:
dann brauch eine Ablenkung,
dass ich an was andres denk
dann brauch ich volle Zuwendung
am besten ein Geschenk.

Und dieses Geschenk darf gern groß sein
darf gerne optimal famos sein
bei einem großen Geschenk,
da sag ich hey, hey hey!
und ein kleines Geschenk
ist nur ein Give Away.
(Und dieses Geschenk muss verpackt sein
so ein Geschenk darf niemals nackt sein
bei dem verpackten Geschenk,
da sag ich hey, hey hey!
sonst ist es kein Geschenk,
sondern nur ein Give Away.)

Du bist ein Geschenk für mich
ich bin ein Geschenk für dich
ich bin ein Geschenk für dich
du bist ein Geschenk für mich

jeder ein Geschenk,
jeder ein Geschenk
jeder ein Geschenk für sich
jeder ein Geschenk für sich

das größte Geschenk voller Lust:
wenn dich jemand liebt ganz bewusst.
und du diesen jemand wieder lieben darfst,
willst,
kannst,
musst.

Du bist nicht da

Text & Musik: Bernhard Bentgens

Wenn du mal nicht da bist und ich bin ganz allein,
dann falln mir 1000 Sachen ein,
doch die gehn alle nicht allein :
Du bist nicht da!
Den ganzen Tag erleb ich was;
Das würd mich gar nicht störn.
Doch bitte, wem erzähl ich das,
das will doch keiner hör'n :
Du bist nicht da!
schubidua, du bist nicht da...
schubidua, du bist nicht da
Heute morgen wach ich auf
und schlafen geht nicht mehr,
trotzdem bleib ich noch im Bett
und ich merk, du fehlst mir sehr:
Du bist nicht da!
schubidua, du bist nicht da...
schubidua, du bist nicht da
Später will ich frühstücken,
mein Magen ist ein Loch.
Der Kühlschrank ist genauso leer
und ich merk, du fehlst mir doch :
Du bist nicht da!
schubidua, du bist nicht da...
schubidua, du bist nicht da

Gestern war noch alles gut
da habn wir uns geliebt.
(Gestern war noch alles gut

da habt ihr euch geliebt.)
Heute denk ich ohne Mut,
daß es dich nicht mehr gibt.
(nein denn du bist ja nicht da!)
Liebestraum und Liebesglück
das alles ist vorbei.
Das kommt wohl niemals mehr zurück
Ich krieg die Heulerei.
Du bist nicht da…schubidua,…
(ja so ein Jammerlappen,
Du bist nicht da ! Jetzt hör aber mal zu, mein Junge :

Hör bloss auf zu heulen hier von wegen ganz allein,
du bist doch gegangen, jetzt mußt du auch ehrlich
sein.)
Du bist nicht da... du bist nicht da.
Mädels ! Ihr solltet nur das Schubidua singen,
die Strophen sing ich.
(Halt doch mal die Luft an du,
das kannst du doch nicht bringen :
Wenn du jemand verläßt, dann kannst du
hinterher nicht sing´n:
Du bist nicht da... du bist nicht da.)
jetzt singt aber niemand mehr das „schubidua“,
na gut, dann mach ich es mir eben selbst
Du bist nicht da... du bist nicht da.
(schubidua, ich bin nicht da……
schubidua, ich bin nicht da.
Jetzt singst du uns so´n Unsinn vor
und das auch noch verstärkt.
Wenn du den Mund gehalten hätt´s,
hätt keiner was gemerkt:)

aber das stimmt doch gar nicht !

Jetzt regt euch doch nicht auf ihr drei, und laßt mich
weiter singn
(Okay, dann sing halt weiter,
jetzt wirst du´s wohl richtig bringen:)
Du bist nicht da....
schubidua, aber das ist gar nicht wahr :
du bist nicht da !
schubidua,ich bin doch da !
Passt mal auf , ihr hört mich doch
vielleicht könnt ihr mich sehen .
Richtig, jetzt wo du es sagst,
deshalb muß mein Lied so gehen :
Du bist nicht da . ..
schubidua, du bist nicht ganz da...
Du bist nicht da . ..
schubidua, das ist uns jetzt klar.

Du bist nicht hier, du bist nicht da,
das wird mir erst ganz langsam klar.

Wenn ich unterwegs bin und du bist nicht bei mir
dann treff ich viele Leute, die fragn alle nur nach dir :
Du bist nicht da...du bist nicht da.
Nimm zum Beispiel gestern, da ging es mir nicht
schlecht
doch alle Leute fragten und jetzt fehlst du mir erst
recht.
Du bist nicht da...du bist nicht da.
ich bin halt nicht da.... ich bin nicht da.

(schubidua, du bist nicht da ,
schubidua, das ist uns jetzt klar:)
(schubidua, das tut uns so leid,
schubidua, so furchtbar leid.)
Du bist nicht da... du bist nicht da.
(schubidua, mein Gott wie dumm,
schubidua, wie furchbar dumm)

Du fährst mir in die Lieder

Text & Musik: Bernhard Bentgens

Es ist schon lange her
das Leben ging ja weiter
du wolltest mich nicht mehr
ich habs kapiert, (die Pleite)
das war wohl auch gescheiter.

Das Leben nahm mich wieder ein
ich war zu faul zum denken
die letzte Konsequenz allein
die wollt ich mir doch schenken.

Ich singe Lieder, singe wieder
singe laut und deutlich über
Leben, Lieben, Laben, Loben
Alle Menschen werden Bieder

und plötzlich hinter einem Doppelpunkt
stehst du und grinst mich an
und mich reißt eine Welle weg
und wirft mich wo ans Land

wo ich doch gar nicht hin wollte
das war doch längst vorbei
Du, ich sage deinen Namen nicht
ich red mit dir im Stillen

Doch diese dicke Sehnsucht grapscht
nach all diesen Gefühlen
die wortlos, wertlos lauerten
mich jetzt zu überspülen

Dann sitz ich da und heule los
die Stimme geht mir über
Ich hab dich immer noch so lieb:
Du fährst mir in die Lieder.

Die Zeit die heilt nicht meine Wunden
die sind noch da und grinsen
sie scheint sie nur zu stunden
bringt sie zurück mit Zinsen.

Die Zeit die heilt nicht meine Wunden
die sind noch da und grinsen
sie scheint sie nur zu stunden
bringt sie zurück mit Zinsen.

Du kannst doch nicht dein ganzes Leben lang glücklich sein

Text & Musik: Bernhard Bentgens

Du kannst doch nicht dein ganzes Leben lang glücklich sein
ne ne, ne ne, ne ne.

Du lebst nicht, du lenkst dich ab

Text & Musik: Bernhard Bentgens

Du lebst nicht, du lenkst dich ab.

Da kommt zu mir ein kleines Lied
und lauscht sich in mein Herz.
Mein Ohr hört seinen Rhythmus noch ganz leise
als es schon lange wieder weg ist.
Oh, du Gänsehautverbreiter
sing doch weiter, sing doch weiter.
Komm zurück und mach mir Glück
Nicht ? Dann mach doch was du willst
und vielen Dank !

Du lebst nicht, du lenkst dich ab.

Du spielst falsch
Text & Musik: Bernhard Bentgens

Als ich noch ein Kind war,
war ich immer der Gewinner.
Ganz egal mit wem und wann,
gewinnen tat ich immer.
Mensch ärgere dich nicht,
dazu hatt ich nie einen Grund
Monopoly hatt ich im Griff,
binnen einer Stund.

Später in der Pubertät, (bei mir hält die noch immer)
war ich oft beim LiebesSpiel als erster der Gewinner.
Egal wen ich anmache, egal mit wem ich flirte,
ich hab bei allen abgesahnt, bei Ruth, Marie und Dör-
te.

Da hab ich letztens dich gesehn:
du gibst mir einen Schmuser,
dannach einen großen Korb.
Du machtest mich zum Looser.

Das ist mir noch nie passiert,
das hatt's noch nie gegeben.
Du hast mit mir nicht fair mitgespielt,
das find ich echt daneben:
Du spielst falsch! Hömma, spiel doch mal richtig.
mm, mm ...

Beim SchachSpiel hats nicht lang gebraucht,
da baute man Computer

um mich zu besiegen. Und das tut auch nur
ein Guter.
Beim Fussballspieln war ich nicht schnell,
ich war eher besonnen
und trotzdem hatte meine Mannschaft
garantiert gewonnen.

Nur mit dir verläßt es mich,
mein Glück beginn zu wanken.
mein Glück ist hin, ich sehe schwarz,
du weist mich in die Schranken:
Das ist mir noch nie passiert,
das hat's noch nie gegeben.
Du hast mit mir nicht fair gespielt,
das find ich echt daneben:

Anders kann ich's nicht erklären,
warum du mich besiegtest.
Sonst wär das doch schon mal passiert,
nen Ausrutscher, das gibt es.

Nein, du hast geschummelt, belogen und betrogen
mir dabei die wunderschöne Glückssträne verbogen.
Du spielst falsch! Hömma, spiel doch mal richtig.
mm, mm ...

Heute morgen rufst du an
und meinst, es tut dir leid.
du hättst dich nicht gemeldet,
denn du hattest keine Zeit.
Du suchst noch einen Partner
für ein Tennisspiel um sieben.

Ich sage zu und fühle mich
schon jetzt sehr hintertrieben.

Das Tennisspiel ist eine Farce,
ich gewinn das 1. Set.
ich würd' was andres spielen,
wenn ich deine Rückhand hätt.
Deine Vorderhand
ist eher Tischtennis verdächtig.
Jetzt hast du den Aufschlag
und den 1. krieg ich echt nicht,

denn du machst den Aufschlag
mit deinen schönen Augen
deine Wimpern senken sich
und heben sich genau gen

meine Augen -
und dann ist der Ball an mir vorbei.
Beim nächsten Aufschlag rutscht dein Rock
und legt dein Höschen frei:
Du spielst falsch!
Hömma, spiel doch mal richtig. mm, mm ...

Als ich noch ein Kind war,
war ich immer der Gewinner.
Ganz egal mit wem und wann,
gewinnen tat ich immer.
Doch seitdem ich dich kenne,
ist mir das nicht mehr wichtig,
denn wenn ich bei dir verlier',
gewinne ich erst richtig: du spielst falsch.

Eigentlich
Text & Musik: Bernhard Bentgens

Jeden Morgen kämm ich meine Haare
und jeden Morgen fallen ein paar aus.
Jeden Morgen putz ich meine Zähne
und jeden Morgen fällt mir dabei ein:

Daß jeden Morgen irgendwo ein Mensch 'ne Glatze
hat,
und irgendwo ein andrer schon lang mehr keinen
Zahn.

Mir geht's doch gut, ich sollt' ja eigentlich nicht kla-
gen.
Mir geht's doch gut und eigentlich auch nicht.

Eigentlich ist diese Welt nur eine Illusion,
'ne große zugegeben und gar nicht schlecht.
Eigentlich besteh' ich nur aus furchtbar viel Atom
und 90 % Wasser, selbst der Kopf, in echt.
Ja, das ist eigentlich recht schade
und eigentlich ganz doof,
doch eigentlich ist das auch ganz egal:

Denn das ist eigentlich ja nur so'n kleines Lied,
mit Tönen, die es gleich schon nicht mehr gibt,
mit Worten, die jedem Kritiker zu einfach sind
einfach sind, einfach sind.

Jeden Morgen les ich meine Zeitung (das stimmt)
Jeden Morgen weiß ich etwas mehr (ist jetzt ironisch)
Jeden Morgen mach ich mir mehr Sorgen,
jeden Morgen frage ich mich: Wer?

Wer all den Ärger heute überstehen mag
und ob dann diesem Menschen etwas Glück ge-
schieht?

Eigentlich müßt dieser Mensch es wissen,
weil dieser Mensch hier dieses Liedchen schrieb:

Denn das ist eigentlich ja nur so'n kleines Lied,
mit Tönen, die es gleich schon nicht mehr gibt,
mit Worten, die jedem Kritiker zu einfach sind
einfach sind, einfach sind.

Ein Luftballon
Text & Musik: Bernhard Bentgens

Ein Luftballon, ein Luftballon,
ein wunderschöner Luftballon,
den schenk ich dir und dann wirst du sehn:
er fliegt mir dir davon, pass auf, er fliegt mit dir davon.

1. Strophe:
Das ist kein Ballon für Frauen
Eher was für den Mann
Und da auch nur für die Schlauen:
Fritz und Kalle
Benutzen alle.
Den Luftballon...

2. Strophe:
Das ist kein Ballon für Kinder ,
nein ganz im Gegenteil
das ist eher was für Inder
für Londoner und Pariser auch:

Ein Luftballon, ein Luftballon,
ein wunderschöner Luftballon,
den schenk ich dir und dann wirst du sehn:
er fliegt mir dir davon, pass auf, er fliegt mit dir davon.

Enjoy the silence (Genieße die Stille)

Text & Musik: Bernhard Bentgens

Du hast einen frischen Cappuccino
heiß und lecker und dampfen tut er wie im Kino
Deine Hängematte hängt heute wirklich optimal
Du hast frei und es geht dir genial

und entspannt lehnst du dich zurück
mit einem Lächeln genießt du dein Glück
und dann fällt dir ein, ganz plötzlich ohne Grund
deine Steuererklärung
wie soll du denn geniessen, wenn irgend etwas stört
es verhindert den Genuss, was nicht hier hin gehört

Du hast heute Abend endlich eine Karte bekommen
für den Zungenschlag und hast dir frei genommen
jetzt geniesst du hier im dunkeln den Beweis deines
guten Händchens
die Zungenschlagshow und das neue Lied vom Bent-
gens
du konntest einen erstaunlich guten Platz finden
nicht zu weit vorn und nicht zu weit hinten,
und wie herrlich das wieder klingt,
wenn Bentgens seine Lieder singt....

entspannt lehnst du dich zurück
mit einem Lächeln genießt du dein Glück
und dann fällt dir ein, ganz plötzlich ohne Grund
deine Steuererklärung und noch mal rausgehn mit
deinem Hund
der Hund sitzt jetzt zuhause auf einer vollen Blase

und du riechst jetzt schon den Teppich-See in deiner
Nase
wie soll du denn geniessen, wenn irgend etwas stört
es verhindert den Genuss, was nicht hier hin gehört:
wie deine Steuererklärung

und dann fällt dir ein, ganz plötzlich ohne Grund
deine Steuererklärung macht doch immer
dein Steuerberater

und jetzt kommt der Genuss:
wir geniessen gemeinsam dieses Lied:

wir Chillen auf den Antillen
wir wollen feiern in Bayern
wir wollen uns vergessen in Hessen
genießen in Gießen, keinen Hassel in Kassel,
niemanden lynchen in München,
kein Ge-Mekka,
kein Sambuca-Rest,
keinen Kathar,
entSpanien in Albanien,
am Pool, in Istanbul

und dann fällt dir ein, ganz plötzlich ohne Grund
aber DU bist doch der Steuerberater

jetzt verkrampfst du Arm und Beine
und denkst nur an das eine: deine Steuererklärung

Genuss ohne reue, worauf ich mich freue
und ist dann mein Lied aus, genieße ICH: euren Ap-
plaus.

Entschuldige, dass ich auf der Welt bin
Text & Musik: Bernhard Bentgens

Entschuldige, dass ich auf der Welt bin
ich weiß ja selber nicht, warum
entschuldige, dass ich kein Held bin
entschuldige, ich bin so dumm.

Manchmal da möcht ich fliegen
so hoch es irgend geht
höher noch als all die Andern
so hoch, dass jeder mich sieht.

Entschuldige, dass ich so gehemmt bin
ich weiss ja selber nicht warum
entschuldige, dass ich schlecht gekämmt
entschuldige, ich bin so dumm.

Manchmal da möcht ich lügen
so schlimm, bis dass es staubt
schlimmer noch als all die Andern
so schlimm, dass jeder mir glaubt.

Entschuldie, wenn ich sowas denke,
ich weiss ja selber nicht warum
entschuldige wenn ich dich kränke
entschuldige, ich bin so dumm.

Manchmal da möcht ich singen
so hoch es irgend geht
höher noch als all die Andern
so hoch, dass jeder mich hört.

Entschuldige, dass ich auf der Welt bin
ich weiß ja selber nicht, warum
entschuldige, dass ich dieses Lied sing
entschuldige, ich bin so dumm.

Alles nur zur Erhaltung der Art
Text & Musik: Bernhard Bentgens

Ich hab dich wirklich lieb
Das war mir immer ganz klar
Weil das immer super wild -romantisch mit dir war
Ich dachte wirklich schon, ich würd dich lieben
Das passt so gut mit uns und unsern Trieben
Doch dann hab ich gelesen
Das war es nicht gewesen
In allen Illustrierten
Für alle Interessierten
Es tut mir furchtbar leid
Es stand sogar schon in der Zeit:
Es tut mir leid für dich
Es geht ja nicht um dich
Es geht auch nicht um mich
oder um uns
Ich hebe mich nicht ab von Hinz+Kunz
Ich mach das alles nur

Zur Erhaltung der Art.

Jetzt reg dich bitte nicht auf
Das ist nun mal der Lauf
Der Dinge,
außerdem bist du ja genauso drauf:
Jegliches romantische Gefühl
Basiert auf evolutionärem Kalkül

du machst das alles nur
zur Erhaltung der Art:

Beine werden enthaart
Es wird sich ständig gepaart
für ein Reihenhaus gespart
zur Erhaltung der Art.
In jede Frau wird sich vernarrt
Eher jung als bejahrt
Kürzer weich, länger hart
zur Erhaltung der Art.

Wegen der Erhaltung der Art
wird gesungen und getanzt

Da gibt es Reizwäsche, Discos und Deodorants.
Selbst wenn ich dir nen Kaffee koch
Dann dient das noch:
- der Erhaltung der Art!
Denn dann will ich doch
Das dir nix über die Leber kroch
Damit du fit bist und gesünder
für alle unsre Kinder!

Als Alpha-Tierchen am Start
Egal ob dumpf oder smart.

immer der schnellste immer in Fahrt

- zur Erhaltung der Art.

Egal ob in der Küche oder im Bad.
Auf Parkett oder Laminat
Im neuen Auto oder aufm neuen Rad

- zur Erhaltung der Art.

Dabei geht es uns noch gut
Schau nur mal bei den Tieren:
Bei den Pinguinen
da brüten die Männer,
während die Frauen essen gehen
Die Bienenkönigin
– die Männer geben alles und sterben sogar dafür!
Bei den Spinnen – nach dem Akt
frisst die Spinne ihr Männchen einfach auf.

Selbst Topfpflanzen
wollen sich in einem fort fortpflanzen
Tiere wollen sich komischerweise auch fortpflanzen
Und bei uns Menschen
nennt man das plötzlich Liebe?
Nein, wir verdoppeln nur den Code unserer Gene
Das geht leider nicht alleene!

So ist der Auftrag der Natur
So ist das Leben schlicht und pur
Nur so wird das Leben echt
Kompliziert und ungerecht
Bester Samen, beste Saat
Frisch erwischt auf frischer Tat
Alle Etiketten bewahrt.

Erkennen Sie die Melodie
Text & Musik: Bernhard Bentgens

in einem lied geht die sonne auf,
in einem andern geht sie unter
in einem lied bist du nicht gut drauf,
in einem andern bist du muntrer

in einem lied geht der mond auf,
in einem andern ist plötzlich Mayte da
in einem lied ist sie ganz allein,
in einem andern bist du ihr ganz nah

in einem lied sagt sie dir adieu,
in einem andern kommt sie wieder
in einem lied fragst du sie warum,
in einem andern kommt sie nieder

ein lied sagt mehr als tausend worte,
ein lied sagt mehr als jedes bild
ein lied singt dich an tausend orte,
ein lied sagt dir wofür's zu leben gilt

in einem lied könnt ihr glücklich sein,
in einem andern ganz sicher nicht
in einem lied hast du so einen hals,
in einem andern kein gesicht

in einem lied denkst du schon mal nach,
in einem andern wirst du weise
in einem lied machst du dich wach,
in einem andern auf die lange reise

in einem lied erfährst du höchstes glück,
in einem andern eine pleite
in einem lied kannst du nicht mehr zurück
in das andere Lied mit Mayte

ein lied sagt mehr als tausend worte,
ein lied sagt mehr als jedes bild
ein lied singt dich an tausend orte,
ein lied sagt dir wofür's zu leben gilt

es ist die melodie
die das Lied zum Lied macht,

sonst wärs nur ein Gedicht
durch diese Melodie hat dieses Lied Macht,
und dieser Macht entgehen Sie mir heute nicht

erkennen Sie die melodie von diesem lied
dann haben sie das lied gehört,

es gehört Ihnen, ist es IHR lied
es heisst ja auch ge"hören"
nicht ge"lesen" oder ge"sehn"

das lied gehört dem der's gehört - und das sind sie!

in diesem lied, in diesem ganz speziellen
das ich hier gerade singe
an diesem Platz auf der Welt

hier in diesem zungenschlag, für Sie
jetzt hier in diesem ersatztheateropernzelt.

hier erkennen Sie diese melodie
weil dieses lied zwar neu
aber schon 3 Minuten alt ist
das lied gehört jetzt Ihnen,
weil's durch Sie ge"hört"
und auch durch Sie bezahlt ist

in diesem lied und das tut jetzt weh
ist es endgültig schluss mit mayte
es ist aber auch schluss mit diesem lied
und das ist für sie keine pleite

denn dieses lied sagt Ihnen wofür's zu leben gilt
– für Ihr lied

und jetzt ist schluss mit schluss
und allen schlüssen
und das ist jetzt Ihr lied -
und sie haben gar nicht mitsingen müssen

Es gibt Menschen

Text & Musik: Bernhard Bentgens
für Leander, Martina und Arnd
zum Verheiratungsfest am 7.4.1997 in Heidelberg am Rhein

Es gibt Menschen, die basteln viel Examen.
Es gibt Menschen, die brauchen diesen Kick,
die rechtzeitig zu jeder Prüfung kamen,
Doch's gibt auch Menschen, die sind anders:
Zum Glück!

Es gibt Menschen, die sehn nur ihr Examen.
Es gibt Menschen, die leben immer geradeaus.
Es gibt Menschen, die sagen immer „Ja" und „Amen".
Doch's gibt auch Menschen,
die kommen ohne sowas aus.

Es gibt Menschen, die fahren dicke Autos,
die brauchen viel Geld damit sie glücklich sind.
Doch's gibt auch Menschen, deren Glück
das kommt ganz lautlos
Das sind Menschen, die als Siedler glücklich sind.

Sie besiedeln eine Stadt,
die nur durch Freunde Wärme hat
Die besiedeln Freundesherz
mit Großideen und kleinen Ferz.
Besiedeln Shows und in Konzerten
äußern Witz mit inn'ren Werten,
besiedeln unsre Erde
mit nem Kind, das ähnlich werde.

Besiedeln viele Köpfe mit ihren spinnerten Ideen
Es gibt so Menschen. Wen, bitte mein ich, wen?
(nein nicht Sascha Hehn!)

Solche Menschen, ihr habt es schon ge-arnd,
die so le-anders sind, so s-mart in a-llen Dingen,
bei denen-s eng has-t, ganz gemütlich warm
will ich mein dan-k ü persönlich singen.

Nur eins kann ich nicht leiden:
Sie sind immer so bescheiden!
Darum verstecke ich sie hier in diesem Lied:

Solche Menschen, jetzt hab ich' gut get-arnd,
die so le-anders sind, so s-mart in a-llen Dingen,
bei denen-s eng has-t, ganz gemütlich warm
will ich mein dan-k ü pers-önlich singen.

Denn, wenn solche Menschen heiraten,
dann hat das einen Sinn,
auch wenn ich das vielleicht heut
noch nicht ganz checke.
Wenn solche Menschen heiraten,
dann ist da alles drin
dann stecken die wohl unter einer Decke
unter einem Dach
unter Umständen
unter Freunden
unter Garantie so tief drin,
daß sie da gar nicht mehr rauskommen wollen:
Die schaffen das, solche Menschen, denn

Es gibt Menschen, die fahren dicke Autos,
die brauchen viel Geld damit sie glücklich sind.
Doch's gibt auch Menschen,
deren Glück das kommt ganz lautlos
Das sind Menschen, die mit ihrer Liebe glücklich sind.

Grenzhof, den 7. April 1997

Es wird alles wieder gut
Text & Musik: Bernhard Bentgens

Das Choas hat dich fest in seiner Hand
Das Leben ist bedrohlich nah am Rand
Ob groß, ob klein, ob irgendwas dazwischen
Sitzen zwischen Stühlen, liegen unter Tischen
Ist mir eines immer klar:

Es wird alles gut! (pupi du, pupi du, pupi du..)

Es ist fünf vor zwölf und wir stehen an einem Ab-
grund,
der nächste Schritt ist ein Schritt zuviel
Doch dreh nicht um, geh halt nur einen kleinen Schritt
Vielleicht macht das das Schicksal grad noch mit?

Das ist mir echt zu groß
Das ist mir echt zu klein
Kann das denn nicht irgendwas dazwischen sein?

Die großen Sorgen machen's mir nicht leicht
Die kleinen Sorgen hätten längst gereicht.
Der kleine Mann kommt stets zu kurz (denkt er)
Der Große fürchtet seinen Sturz.
Der Zwerg ist klug und smart
Der Riese tumb und hart.

Die Welt ist kleiner als man denkt
Die Dummheit grösser und sie lenkt
Politiker gewählt von der Masse
Solche Sprüche findet man klasse:

Es wird alles gut!
(pupi du, pupi du, pupi du..)

Fan von van Veen

Text & Musik: Bernhard Bentgens

1

Manches Mal im Leben kommt es vor
Dass dir etwas so gefällt,
das ist wie Balsam für dein Ohr
Das find'ste so genial,
einfach phänomenal
Und den Menschen, der das kann,
den find'ste super

2

Manches Mal im Leben kommt es so
Dass dir etwas so gefällt,
wenn du es hörst, bist du froh
Dann geht's dir einfach gut,
dann kriegst du wieder Mut
Und den Menschen, der das macht,
dem find'st du SUPER!

Ich bin ein Fan von van Veen
Ich find die Lieder so schön
wenn er singt, wenn er lacht
Wenn er mir Gänsehaut macht
Dann ben ik Fan von van Veen.

3

Manches Mal im Leben geht das schon
Dass dir etwas so gefällt,
und zwar wirklich jeder Ton
Und dem Künstler der das kann

Möchtest du so dann und wann
Mal nen Gefallen tun,
das fändst du super

4

möchtest ihm vielleicht den Wagen waschen
trägst beim Einkauf seine sieben Taschen
am besten fängst gleich an,
als Chauffeur den Wagen fahrn
dann musst du für ihn tanken
und zwar Super!

Würd gern den Van von van Veen fahr'n
Den Van fahr'n von van Veen
denn er singt wunderbar
Während ich den Wagen fahr
würd' gern den Van von van Veen fahrn.

Du siehst wohin das führt
Wenn dich etwas berührt
Dann schrei ich : Herman!

5

Doch manches Mal im Leben willst du mehr
Als seinen Wagen fahr'n
und seine Aschenbecher leer'n
dann wasch ihm seine Socken
Mach seine Haare trocken
Ja, Haare trocknen find't der sicher super!

Ich wär' gern der Föhn von van Veen
Das fänd' er sicher auch schön
denn er singt, denn er lacht
Wenn der Föhn ihn trocken macht
Wär gern der Föhn von van Veen.

Bitte vermeiden Sie Fehleinwürfe in ihre Biotonne

Text & Musik: Bernhard Bentgens

Bitte vermeiden Sie Fehleinwürfe in ihre Biotonne
Dann scheint auch morgen noch die Sonne
Auf Sie und ihre Tonne

Aber was mit den beiden kleinen Eisenklammern
an Teebeutel und Fähnchen
Die sind doch falsch, das hört man doch an ihrem
leisen Jammern
Zusammen mit den Hähnchen

denn Fleisch gehört auch nicht hinein
das lädt doch nur die Ratten ein
die darf es hier nicht geben
die sind doch noch am leben

genauso wie die Maden
die dem Kompost nicht schaden
doch weil sie furchtbar ekklig sind
will sie keiner haben

Bitte vermeiden Sie Fehleinwürfe in ihre Biotonne
Dann scheint auch morgen noch die Sonne
Auf Sie und ihre Tonne

Ferien im Internet

für S. H.

Text & Musik: Bernhard Bentgens

Ich sitz an mei'm Computer
die Welt liegt mir zu Händen
mein Compi ist ein Guter
ist online nicht zu bremsen
Ich tippe deinen Namen ein
in die Suchmaschinen dieser Welt
irgendwo wirst du schon sein, irgendwo

Ich suche dich im Internet
obwohl ich weiß, da bist du net
ich such dich trotzdem ohne Sinn
weil wo du bist, darf ich nicht hin.
Du bist mit einem andern, ganz analog
du hast ein Ei am Wandern: Wer ist der, der wen be-
trog?

Ich mache Ferien im Internet
allein, alleiner geht es net
ich surfe durch die Welten weit
erhol mich von der Wirklichkeit
der Bildschirm wackelt und verschwimmt
die Träne, die dazwischen rinnt
gaukelt mir ein Bild von dir
irgendwo wirst du schon sein, irgendwo

Ich hab Kontakt zur ganzen Welt
Kontakt nach draussen hergestellt
nur nicht zu dir, nie mehr zu dir

denn du bist nur noch drin in mir
der Bildschirm wackelt wenn er scrollt
die Träne, die dazwischen rollt
gaukelt mir ein Bild von dir
irgendwo wirst du schon sein, irgendwo

Ich sitz an mei'm Computer
die Welt liegt mir zu Händen
mein Compi ist ein Guter
ist online nicht zu bremsen
Ich tippe deinen Namen ein
in die Suchmaschinen dieser Welt
irgendwo wirst du schon sein, irgendwo

Der Bildschirm blinkt und eiert
ich glaub ich werd bescheuert
da kommt die Antwort aus dem Netz. Ich wußt' es ja:
irgendwo wirst du schon sein, irgendwo

Da steht: kikili mu, man dinga!
ein Spruch, den ich noch nie gehört
kikili mu, man dinga!
noch nie gehört, noch nie gehört.
aber irgendwie wirst du da sein, irgendwie...

„... und ich stell mir vor: ein häßlicher dicker Bassist
„(Auftritt Lexi), „ein uralter, weißhaariger Pianist „(Auf-
tritt Christiane), „vier Gorillas die den Rhythmus spie-
len"
(Auftritt Angela, Nicole, Peter +Rolf), Bilongo-Anfang
„und eine wunderschöne Sängerin
„(Auftritt Ricardo) uralter, weißhaariger Pianist

Film - Lied

Text & Musik: Bernhard Bentgens

Ich sitz mit dir im Kino
der Film ist supergut
der macht uns alle beide an,
wie das son Film halt tut

Wir kuscheln eng zusammen
wir haben uns ganz lieb
und in dem Film die beiden
genießen ihren Trieb

Ich sitz mit dir im Kino
der Film ist wirklich stark
der inspiriert uns beide
wie das nur son Film vermag

Ich nehm dich in die Arme
und geb dir einen Kuss
die beiden auf der Leinwand
die machen gerade Schluß

Unser Film geht weiter
der hat nen zweiten Teil
unser Film geht weiter
der wird erst noch ganz geil
Unser Film hat viele Teile
die besten sind Geschlechts.
Unser Film ist voll 3D.
Ja, das ist was echt's. Ächz, ächz.

Du magst den Hauptdarsteller
den find ich eher matt
Ich finde die Regie brilliant
die findst du eher platt.

Der Film geht an die Nieren
ein Monster regt dich auf
Dein Liebling wird verlieren
dein Star geht dabei drauf

Das ist doch nicht so schlimm,
das ist doch nur ein Film.
jetzt mach dir bitte, bitte nicht ins Hemd
Das ist doch nur ein Film
das ist nur Fantasie
das Leben geht doch weiter
ganz bestimmt.

Du findst, ich rede Unsinn
sei besser stille du!
ich lach dich aus, da klebst du mir den Mund mit Tesa
zu.

Ich kriege keine Luft mehr
und röchle was ich kann
du sagst nur, jetzt sei doch still
und stell dich nicht so an.

Das ist doch nicht so schlimm,

das ist doch nur ein Film.
jetzt mach dir bitte, bitte nicht ins Hemd.

Das ist doch nur ein Film
du kriegst ihn sicher ab
das Leben geht doch weiter ganz bestimmt.

Unser Film geht weiter
der geht grad erst los
unser Film geht weiter
der läuft ganz tadellos
Unser Film hat viele Teile
die meisten sind ganz schön.
Unser Film ist so real
Das ist kaum zu verstehn.
stöhn,stöhn

Ich bin der Ohnmacht nahe
mein Kopf wird langsam blau
ich stürze schnell nach draußen
mein Magen ist so flau

Ich zerr am meinem Tesafilm
und torkle durchs Foyer
aus dem Kassenhäuschen klingts heraus, was hast
du nur, Herrje:

Das ist doch nicht so schlimm,
das ist doch nur ein Film.
jetzt mach dir bitte, bitte nicht ins Hemd
Das ist doch nur ein Film
das ist nur Fantasie
das Leben geht doch weiter
ganz bestimmt.
Plötzlich ein Black out!

lalülalü Bremsen Türen „ Was ist denn mit dem los?" -
„Mensch, der hat ja einen Tesa-Film auf dem Mund.
der kriegt keine Luft mehr." - „Das müssen wir operie-
ren: Ab in die Klinik!" lalüla
Achtung: eine rote Ampel - Pass auf: Straßenbahn
von rechts!
Vorsicht der Kinderwagen!
Schnell in den Rettungshubschrauber: dui. Und ab
unters Messer!"
Schwester: Skalpell - Tupfer - 1mal spülen bitte -
Achtung, er kommt wieder zu sich:

Ja, unser Film geht weiter,
da ist voll was los: Mit Doktorspielen, Verfolgungs-
jagd, der Plot der ist ganz groß

Das ist doch nicht so schlimm,
das ist doch nur ein Film.
jetzt mach dir bitte, bitte nicht ins Hemd...

Moral: Meistens klebt son Tesa-Film ja nicht beson-
ders gut.
Im Kino ist das anders
das liegt an Hollywood.

Fischstäbchen

Musik: Paul Simon, Text: Bernhard Bentgens

Wenn's dir dreckig geht
und Du fühlst dich klein
und wenn Du weinen musst
und dir fällt nichts mehr ein.

Dann sing ein Lied, dann sing ein Lied.
Und hör auf meinen Rat:
Selbst ein Fischstäbchen krabbelt weiter
und das kannst Du auch.

Wenn dich einer in die Pfanne haut
und Du kriegst dein Fett
und dir schwimmt langsam das Panierte wech
und Du bist echt verkohlt.

Dann sing ein Lied, dann sing ein Lied.
Und hör auf meinen Rat:
Selbst ein Fischstäbchen krabbelt weiter
und das kannst Du auch.

Wenn Du im Gefrierfach liegst
und der Strom fällt aus
und dann läuft auch noch dein Datum ab
und Du landest im Müll.

Dann sing ein Lied, dann sing ein Lied.
Und hör auf meinen Rat:
Selbst ein Fischstäbchen krabbelt weiter
und das kannst Du auch.

Das ist doch schon mal ein Fortschritt

Text & Musik: Bernhard Bentgens

Du hast mich eigentlich nie gemocht
du fand'st mich schon immer echt mies
du hast bestenfalls über mich gelacht
und zwar so richtig fies!

Aber heute hast du zu ersten mal
nicht angeekelt weggeguckt,
als du mich sahst:
Das ist doch schon mal ein Fortschritt,

das kommt doch schon ganz gut!
das ist ein echter Fortschritt,
das macht mir wieder Mut.

Frauen lieben Männer

Text & Musik: Bernhard Bentgens

Frauen lieben Machos,
die ihnen ständig ihre Kleider runterreißen.
Frauen lieben Schneider,
die ihnen ständig ihre Kleider reparieren.
Frauen lieben Softies,
denn die sind pflegeleichter.
Frauen lieben Tarzan
und nicht nur wegen seines kleinen Affen.

Frauen lieben sogar KingKong
und das kann ich auch verstehn:
der hat ja auch ne Brustbehaarung wie ein Urwald.

Frauen lieben Engel,
weil sie sich nicht vor Engeln fürchten müssen.
Frauen lieben Engel,
weil die sich nicht vor Frauen fürchten müßten.
Frauen lieben Penner,
denn die schlafen länger.
Frauen lieben Könner,
denn die halten länger.

Frauen lieben
kerzengeradeaus,
sind nie zweideutig
und niemals ordinär
Frau zu sein,
ist wohl manchmal schwer

Frauen lieben Männer,
die keine Frauen lieben außer ihren Frauen.
Frauen lieben Männer,
die andre Frauen lieben, denn das sind die Kenner.

Frauen sind so einfach und sie wissen,
was sie wolln,
von aller Bibelanfang an,
Gott sei Dank, bin ich ein Mann.

Fremd Bestimmt

Text & Musik: Bernhard Bentgens

Ich lüfte da ein Geheimnis,
das zu halten hat kein'n Zweck
Also wenn du gerade zuhörst,
dann hör mal bitte weg.

Ich werde gerne fremd bestimmt
Ich find es toll, wenn du mich zwingst
Ich werde gerne fremd bestimmt
Weil du das immer so toll bringst

Wenn du mir sagst: Komm her!
Spiel ich gleich den lieben Schieber
Wenn du dann sagst: ich will mehr!
Dann mach ich das nur umso lieber.

Ich werde gerne fremd bestimmt
von dir und zwar den ganzen Tag
doch du gehst leider fremd bestimmt
wenn ich dir sag, daß ich das mag.

Nein, du sollst denken, ich würd' leiden
Du unterdrückst mich ganz ausdrücklich
Das ist das tolle an uns Beiden:
Du machst Druck und ich bin glücklich.

Ja, du sollst denken mir gehts schlecht
Und daß es meinen Willen bricht
Ich mach dir immer alles recht
Daß mir das Spass macht, denkst du nicht.

Ich werde gerne fremd bestimmt
lass mich gern kontrollieren
Wenn einer sich als Chef benimmt
Dann lass ich mich gern dirigieren
Ich werde gerne fremd bestimmt
Das geb ich nur nicht offen zu
Ich werde gerne fremd bestimmt
Denn die Verantwortung trägst du.

gespr.: Naja, was heisst eigentlich fremd
du bist mir doch nicht fremd
gesungen:
Fremdbestimmung ist ja umso schlimmer,
je besser man sich kennt.

gespr.: Es gibt Menschen, die sind gerne Chefs,
die fühlen sich nur wohl,
wenn sie das sagen haben.
Dann gibt es Menschen,
die sind typische Befehlsempfänger
aber die fühlen sich nicht wohl dabei.

Und ganz selten gibt es so was wie mich:

Ich werde gerne fremdbestimmt
das klingt für manchen pervertiert
was sonst wohl jeden Mann verstimmt
Ist bei mir völlig akzeptiert,
ja mehr noch, wirklich intendiert.

Sag mir, was ich tun soll
und schon bin ich dabei

Wenn ich selber rausfinden muß,
was ich will, das wird ne Quälerei
da steh ich von Anfang an schon
sicher auf dem Schlauch.
Das kennst du aus deinem antiautoritären Kindergar-
ten auch

Nein, wir ergänzen uns total:
du sagst – ich mach,
du läßt mir keine Wahl.

Wir ergänzen uns im Haus,
du befiehlst und ich führ aus.
So sieht meine Fremdbestimmung aus

Du gehst leider fremd bestimmt
Wenn ich mir wünsch', das soll so blei'm
Dann hätt ich mich ja selbst bestimmt
Das halt ich besser mal geheim.
(ich sag jetzt nix mehr)

50 Jahre Baden Württemberg genügen
Text & Musik: Bernhard Bentgens

Es war einmal ein kleiner Zwerg
der lebte glücklich in nem Berg
Der Berg war leider gar nicht glücklich
er war so groß und unverrücklich
er war so groß und unverrücklich

Der Berg war krank und wollt' verreisen
trotz hoher Berge-Reisen-Preisen
sein Reiseziel das war sehr schwer
er wollte immer schon ans Meer

Eines Tags traf der Zwerg nen Elfen
ihn bat er, er soll bitte helfen
Der Elf sagt, das ist kein Problem
sag mir nur wie lange will er gehn
sag, wie lange will er baden gehn

Der Zwerg dachte an Wochen aber nein
Der Berg meint ein paar Jahre sollten's sein
Wenn große Berge baden gehn
dann sollte auch die Zeit mal stille stehn

Drum sprach der Zwerg zum Elfen
nur lange Zeit kann helfen:

Fünfzig Jahre Baden würd' dem Berg genügen
fünfzig Jahre Rügen sind genug
Fünfzig Jahre Baden würd' dem Berg genügen
fünfzig Jahre sind wohl mehr als genug.

Für T C Breuer
Text & Musik: Bernhard Bentgens

ich kenne einen mann und der heißt T C
er schreibt dir schöne Sachen, genieß sie TC
der prophet im eignen lande hat's nicht easy TC
hier wurde sein zuhause heimat hieß sie,
der marktplatz der neckar und der bissi TC
er liebte diese stadt, doch er verließ sie, T C

bühnenfrei für unsern thomas
bühnenfrei im ganzen land
bühnenfrei, the show mus - t not go on:
in deinem ruhestand

in heidelberg ist unser tommy ein promi
in heidelberg ist unser breuer ein ungeheuer
treuer, nichts bereuer
kein wiederkäuer, immer neuer, scheuer, erfreuer
wer ihn als tommi kennt - hier ist er prominent.

thomas, wenn du gehst,
geht auch ein teil von mir, doch mein anderer Teil
bleibt hier

alles gute lieber t.c.
und viel spaß im ruhestand
bühnenfreie zeit, genieß sie,
obwohl sie dir völlig unbekannt
wir wollen sie dir gönnen
mögest sie genießen können
lass uns nur hier allein mit diesen heidelb-ärgern

der mann mit der spitzen zunge
der missstände benennt
ältere und auch ganz junge
aktuelles, alles das er kennt

entwickelt sich selbst zum heidelberger
heidelberg liebt ihn, weil er
verbiss sich in heidelberger ärger
so wurde er zum rottweiler

heidelberg verliert den einzigen lokalpolitischen ka-
barettisten, den einzigen ever
den einzigen, der die heidelberger lokalpolitik interes-
sant genug fand,
um sie zu kabarettisieren. er war der einzige - ever.
er wollte gehn bevor's zu spät ist
- und jetzt ist es zu spät für heidelberg.

bühnenfrei für unsern thomas
bühnenfrei im ganzen land
bühnenfrei, the show mus - t not go on:
in deinem ruhestand

ich kenne einen mann und der heißt T C
er schreibt dir schöne sachen, genieß sie TC
der prophet im eignen lande hat's nicht easy TC
hier wurde sein zuhause heimat hieß sie,
der marktplatz der Neckar und der bissi TC
er liebte diese stadt, doch er verließ sie, T C

alles gute lieber t.c.
und viel spaß im ruhestand
bühnenfreie zeit, genieß sie,
obwohl sie dir völlig unbekannt

Gänsehaut

Text & Musik: Bernhard Bentgens

Wenn ein Vogel sich verfliegt
mal die Kurve nicht ganz kriegt,
wenn ein Fisch sich mal verschwimmt
eine Welle zu flach nimmt,
das lässt mich völlig kalt.
Wenn ein Erzähler sich verzählt
wenn ein Stecker sich versteckt

wenn ein Spanner sich verspannt
wenn ein Floh sich mal versticht
den Unterschied den merkst du nicht.
wenn ein Stinktier sich vergißt
in die eigne Tasche pisst,
wenn der Maler sich vermählt,
wenn der Orgasmus verkommt,
Pauker sich verhaut,
wenn der Letzte sich verletzt,
wenn sich die Sonne mal versinkt,
wenn ein Brecher sich verbricht
das merkst du nicht.
Wenn ne Springmaus sich verspringt,
ein Hänger sich verhängt,
wenn die Kanne sich vergißt
Wenn ein Bison sich verennt
und die Ausfahrt glatt verpennt,
wenn ein U-boot sich vertaucht
und ein Witz sich mal verbraucht.
eine Fassung sich verfasst.
Wenn ein Hörer sich verhört

glaub ich nicht, daß ihn das stört.
Wenn ein Messer sich vermißt
und ein Fluß sich verfließt,
wenn ein Meer sich vermehrt
eine Straße sich verquert,
wenn ein See sich versieht
was nicht oft geschieht,

wenn ein Fernglas sich verguckt,
wenn ein Bäcker sich verbäckt
zuviel Mehl ins Brot reinsteckt,
wenn ein Stuhl sich versetzt
ein Petzer sich verpetzt,
wenn ein Dichter sich verdichtet
die Geschichte sich verschichtet,
wenn die Warnung sich verwarnt
und die Tarnung sich vertarnt,
Wenn ein Holzwurm sich verbohrt
in die eigne Nase bohrt,
wenn ein Drehwurm sich verdreht
in die falsche Richtung geht,
Wenn ein Windstoß sich verweht
dann ist's noch nicht zu spät,
wenn die Stelle sich verstellt
wenn ein Wähler sich verwählt,
der Hosenträger sich verträgt,
wenn die Stimmung sich verstimmt
wenn der Trimmer sich vertrimmt,
wenn ein Spieler sich verstielt,
wenn ein Geiger sich vergeigt,
Bläser sich verbläst,

Wenn eine Nase sich verläuft
wenn ein Knopf sich verdrückt,
und ein Trinker sich versäuft,
wenn ein Armer sich verschluckt
Wenn der Prügel sich verpaßt
Dirigent sich verschlägt,
wenn die Steigung sich versteigert
wenn der Vertreter sich vertritt,
wenn der Fünfte sich verfünfert,
ein Schuß sich verschießt,
wenn ein Held sich falsch verhält,
wenn das Unglück verunglückt,
wenn die Heizung sich verheizt,
wenn der Sprecher versagt,
wenn der Kenner sich verkennt,
wenn das Bild sich verbildet,
die Wirkung verwirkt,

wenn der Schieber sich verschiebt
bin ich in dich verliebt.
bin ich in dich versessen,
vernarrt, verloren, vergessen.

Aber wenn du mir was Liebes sagst,
dann habe ich sofort eine Gänsehaut.
Und was für eine !!!!!

Geld

Text & Musik: Bernhard Bentgens

BLZ 672 901 00; Konto 65 42 92 09

Ich hab früh gelernt, darüber nicht zu reden
daß man besser nicht drüber singt.
Geld regiert die Welt, und riech mal, wie das stinkt:
Ja, das Glück kommt zum Glück, nicht zum Geld.

Das Glück liegt auf der Hand,
das Geld liegt auf der Straße.
Und viele bücken sich den ganzenTag.
dabei suchst du nach Glück,
kaufst dir ein kleines Stück:
doch das Glück kommt zum Glück, nicht zum Geld.
BLZ 672 901 00; Konto 65 42 92 09

Geh mir weg mit deinem Geld,
das will doch keiner haben.
Ja, darum geht's doch gar nicht,
es geht doch um was anderes,
um was viel feineres, um was viel kleineres,
von innen drin, das macht Sinn.
Es geht um Endorphine,
die schütten sich nicht aus wie Dividende
doch am Ende: ist das Glück,
das kommt zum Glück, nicht zum Geld.

Z.B. nimm meinen Vermieter,
man sagt, das ist ein Schieter
weil der will immer mehr Geld haben,

dabei hat der schon soviel.
Warum braucht ein Mann Anfang 30, 25 Sportwa-
gen?
Die stehen doch alle nur zuhause rum
und fahren kann er auch nur mit einem:
Das ist doch der totale Frust!
Ja, das Geld kommt zum Geld nicht zum Glück.

Das Glück liegt auf der Hand,
das Geld liegt auf der Straße.
Und viele bücken sich den ganzenTag.
Und einige Glückliche habn keine Zeit zum bücken.
und das Glück kommt zum Glück, nicht zum Geld.

Da gibt' s viele Menschen
hier auf dieser Welt,
die haben viele Kinder, viele Freunde,
dafür wenig Geld.
Die habn doch viel mehr Gründe,
sich ständig nur zu freuen
ja das Glück kommt zum Glück, nicht zum Geld.

Ja, das Glück kommt zum Glück nicht zum Geld.
BLZ 672 901 00; Konto 65 42 92 09

Wo geht denn euer ganzes Geld hin? hä?
Na zum Finanzamt.
Und sind die etwa glücklich damit?
Na also, sei doch froh, wenn's weg ist.
Na und wohin noch? Wo ist noch son Loch?
zum Beispiel hier heute abend
gebt ihr euer Geld an den Zungenschlag,

und sind die etwa glücklich damit? ALLE: JAA!

Ihr könt mir euer ganzes Geld jetzt schenken
dann seid ihr happy und müßt nie mehr denken-,
Geld, das macht nicht glücklich,
Geld macht uns nur Kummer
Hier ist meine Kontonummer:

BLZ 672 901 00; Konto 65 42 92 09
Datum und Unterschrift - bitte nicht vergessen:
das Glück kommt zum Glück nicht zum Geld.

Gemeinsam

Text & Musik: Bernhard Bentgens

Are you ready? Sagt mir, wenn ihr fertig seid.

Immer wenn wir Menschen - was zusammen machen
das geht nie gut - das macht keinen Spass. ui-ui
Immer wenn wir Menschen was zusammen machen
kriegt wer die Wut - und ärgert sich krass. ui-ui
dann braucht es Schiedsrichter, Rechtsanwälte
prozessbegleitende Consultants und Therapeuten en
masse
Mediatoren und Moderatoren und Toren überhaupt
das geht nicht gut, das macht keinen Spass. ui-ui

Zusammen singen geht gar nicht,
nur wenn man die Sänger trennt,
nach Sopran, Alt,Tenor und Bass. ui-ui
Wehe, da singt mal einer aus der falschen Gruppe
was. ui-ui

Zusammen Liebe machen geht doch nur,
wenn die Gruppe überschaubar bleibt.
Zusammen Sport, au weia, das geht nur mit Video-
beweis, jeder will gewinnen
das kann doch was nicht stimmen.

Zusammen träumen, ja das geht,
das geht vielleicht am besten
doch träumen die aus dem Osten
sicher anders als die aus dem Westen

Zusammen lachen, das können wir machen,
da schmeisst sich jeder weg
über einen anderen Gag. ui-ui

Zusammen Bier trinken, das ist eine gute Idee,
das könnte funktionieren
viele Menschen trinken Bier, und singen
und fühlen sich gut,
und sie trinken noch mehr Bier
und fühlen sich noch besser,
und wenn sie nicht mehr singen können ui-ui
dann sinkt das Niveau,
und dann sind schließlich hackendicht
und merken ihre Differenzen nicht,
ja das könnte klappen...
Immer wenn wir Biertrinker
was zusammen machen,
dann geht das erst ganz gut,
doch hinter ist uns schlecht

ist aber immer noch besser als:
Zusammen eine Regierung bilden
Gemeinsam ein Haus Kaufen
Gemeinsam ein Europa wählen
Zusammen durch dick und dünn gehen
oder gleich gemeinsam in den Tod wie die Lemminge
zusammen von der Klippe springen.
Immer wenn wir Lemminge - was zusammen machen
dann geht das erst ganz gut,
och hinterher sind wir tot. ui-ui

ok, das mit den Lemmingen, das stimmt nicht,
aber alles andere ist wahr. - Immer.......

aber müssen wir denn wirklich immer alles zusam-
men machen?
Wir machen jetzt ein Experiment
nicht alle zusammen,
sondern jeder für sich allein
also, jeder allein.
Sie stehen bitte auf.
Sie fangen mal an an
und dann gehen wir hier durch die Reihe....
ui-ui , ui-ui , ui-ui ...
Immer wenn wir Menschen
was alleine machen: da läufts.

Geschenke

Text & Musik: Bernhard Bentgens

Du mußt mir etwas schenken
denn sonst muß ich ja denken:
du hast mich nicht mehr lieb
Damit würdest du mich kränken
Dann müßt ich mich ertränken
Dann bitte geh, geh, geh!

Und schenk mir kein Stück Seife
(Das will er nicht, das hat er schon)
und schenk mir keinen Sekt
(Das will er nicht, das hat er schon)
Und schenk mir keine Pfeife,
(Das will er nicht, das hat er schon)
weil das so furchtbar schmeckt.
(Das will er nicht, das hat er schon)

Und schenk mir keine Bürste
 (Das will er nicht, das hat er schon)
Und schenk mir kein Toupet!
(Das will er nicht, das hat er schon)
Und schenk mir keine Würste
(Das will er nicht, das hat er schon)
Nein, bitte, geh, geh, geh, -
Ge - schenke, zeigen wer du bist.
Also schenk mir keinen Mist
So wie letztes Jahr, das war ja wohl klar,
dass das gar nix war.

Und schenk mir keine Pflanzen
(Das will er nicht, das hat er schon)
Die gehen bei mir nur ein!
Das will er nicht, das hat er schon)
Keine Bücher von Emanzen,
(Das will er nicht, das hat er schon)
Muß nicht unbedingt sein!
(Das will er nicht, das hat er schon)
keine muh, keine mäh,
keine täterätätä, keine Tute
(Das will er nicht, das hat er schon)
keine Kuh, keinen schmäh,
keinen hätätätätä, keine Hupe
(Das will er nicht, das hat er schon)
Ge - schenke, zeigen wer du bist.
Also schenk mir keinen Mist
So wie letztes Jahr, das war ja wohl klar,
dass das gar nix war.

Keinen Schmuh, keinen Schmäh,
keine Muh keine Mäh!

Doch einen schicken Wagen
(Das hat er nicht, den hätt er gern)
sportlich mit Verdeck

(Das hat er nicht, den hätt er gern)
eine kleine Laden

(Das hat er nicht, den hätt er gern)
kette, so groß wie Donalds Mäc
(Das hat er nicht, den hätt er gern)

eine Villa im Süd-Spanien
(Das hat er nicht, den hätt er gern)
ein Bungalow am See

(Das hat er nicht, den hätt er gern)
ein Stadthaus mit Geranien
(Das hat er nicht, den hätt er gern)
wenn nicht, dann bitte geh, geh, geh, - Geh!

Ge - schenke, zeigen wer du bist.
Also schenk mir keinen Mist
So wie letztes Jahr, das war ja wohl klar,
dass das gar nix war.

Gib dir mal den Mond

Text & Musik: Bernhard Bentgens

Ich sitz in dieser Stadt in meinem Auto drin
ich fand auch keinen Parkplatz als das Kino schon
anfing.
Jetzt hock ich hier im Parkverbot, und weiss nicht ...
wohin.
Ich bin wohl heut der King und zwar der „No-
Par"King.

Dann steig ich aus dem Wagen aus, ich bin des Su-
chens müd
und nehm in Kauf, daß später mir 'ne Knolle blüht.
Ich laufe los und freu mich, daß ich endlich wieder frei
bin
da stell ich fest, ich steh 'in einem Hundehaufen drin.
Ich hink zurück zum Wagen, kann gar nicht richtig
laufen
da fährt mich noch son Radfahrer von hinten übern
Haufen.
Warum kann ich diese Stadt nicht einfach mal genie-
ßen.
Ich fluche: „Diese Stadt könnt ich grad 'auf den Mond
schiessen!"

Klingel, klingel, klingel, da kommt eine kleine Fee
sie sieht mich lächelnd an, weil ich so komisch geh
„Du hattest einen Wunsch frei, du mußt nicht mehr
verzagen
ich vergaß nur leider vorher, es dir auch zu sagen.
Du hattest einen Wunsch frei, ich löste ihn schon ein!"

Ein Klingeln und dann ist sie weg und ich bin ganz
allein!

Auf dem Mond

„Der Mond ist aufgegangen"

Auf dem Mond, ganz allein, ist ein bißchen zu cool
nur ich, mein Wagen und der Hundestuhl
und die Straßen meiner Stadt sind leer am Himmel
scheint die Erde
Ob ich wohl heute nacht noch mal nach hause kom-
men werde?

Gib dir mal den Mond,
wie der hier oben aussieht, irgendwie ungewohnt,
so völlig unromantisch staubig und verwohnt,
und leider total luftlos.

Ich wünsche wie verrückt, doch keine Fee kommt
vorbei
und keiner meiner Wünsche wird erfüllt oder ist frei.
Am meisten wünsch 'ich mir, daß hier mehr Luft wäre
denn jeder weiss: der Mond hat leider keine Atmo-
sphäre.
Hab langsam keine Lust mehr,
denn wo krieg ich die Luft her
Die Sache spitzt sich zu, ich fange an zu hecheln
Luft zu zufächeln und dabei muss ich lächeln:
Denn mir fällt ein, daß ich diese missliche Lage
nur dieser vergesslichen Fee zu verdanken habe.

Ich wußt 'ja nicht, was sie erfüllt, mein Wunsch war
nicht so toll.
Ich wünsch mir nichts so sehr,
als daß sie noch mal kommen soll.

Klingel, klingel, klingel, da kommt die kleine Fee
sie sieht mich lächelnd an, weil ich die Augen so ver-
dreh.
„Du hattest einen Wunsch frei,
das war jetzt schon der zweite
wenn du weiter so schlecht wünscht,
dann rennst du in die Pleite
Du hattest einen Wunsch frei,
ich löste ihn grad ein!"
Ein Klingeln und dann ist sie weg
und ich bin ganz allein!

Auf dem Mond!

„Der Mond ist aufgegangen"
Gib dir mal den Mond,
wie der hier oben aussieht,
irgendwie ungewohnt,
so völlig unromantisch staubig und verwohnt,
und leider total luftlos.

Ein Film spielt sich vor meinem inn'ren Auge ab
und zeigt mir, was ich im Leben so erlebt hab.
Das meiste war o.k. nur dieser Schluss ist nicht so toll
da wünsch 'ich mir, daß das alles nicht passiert sein
soll.

Ich sitz in dieser Stadt in meinem Wagen drin
ich fand auch keinen Parkplatz als das Kino schon
anfing.
Jetzt hock ich hier im Parkverbot, und etwas stinkt
gemein
ich trat anscheinend vorhin in ne Tellermine rein.
Ich öffne schnell das Fenster, da steht am Horizont
Der Mond!

„Der Mond ist aufgegangen"
Gib dir mal den Mond,
wie der da oben aussieht,
irgendwie ungewohnt,
so völlig unromantisch staubig und verwohnt,
und leider total luftlos.

Gitarre (ich bin nicht allein)

Text & Musik: Bernhard Bentgens

Ich sitz am Lagerfeuer und brate meine Wurst
Die Wurst die war nicht teuer
und macht mir grossen Durst.
Doch das macht nichts, huhu, nein, nein,
das macht nichts
Ich brühe heissen Kaffee und lausch in die Prärie
die Koyoten heulen heute nacht
so furchtbar wie noch nie.
Doch das macht nichts, huhu, nein, nein,
das macht nichst
Ich bin nicht allein, ich hab doch meine Gitarre dabei.
Wenn ich die nicht hätte, wär ich ganz verzwei – fällt
mir nicht ein.

Ich bin ein krass einsamer Cowboy ;
und fühl mich wie mein Vieh
ich sing mein Lied heut abend
nur hier für die Prärie
Doch das macht nichts, huhu, nein, nein,
das macht nichst
Denn die Prärie ist ignorant
und hört mir gar nicht zu
Die hört auf die Koyoten denn die gebn keine Ruh
Doch das macht nichts, huhu, nein, nein, das macht
nichts

Ich bin nicht allein, ich hab doch meine Gitarre dabei.
Wenn ich die nicht hätte, wär ich ganz verzwei – fällt
mir nicht ein.

Ja, mit dir zusammen
da halt ich alles aus
Ich greif in deine Saiten
Und kitzel dies Lied aus dir raus.

Instrumentales Zwischenspiel

Dir geht es heut anscheinend nicht so richtig:
Du lässt die Saiten hängen wie noch nie,
dein schöner Klang ist dir heut gar nicht wichtig
anscheinend tun dir deine Wirbel weh
und deine Stimmung ist hundsmiserabel
dein Schallloch verstopft und manchmal knallt's
jeder Ton wirkt irre - parabel
und du riechst ein bisschen aus dem Hals
nein, nein, das macht nichts, huhu, nein, nein,
das macht nichts

Hast du etwa Angst? Hier in der Prärie? Wer soll
denn kommen und uns überfallen? Etwa die Indianer
dort? Ja, jetzt sehe ich sie auch! Es stimmt, sie sehen
sehr gefährlich aus, und haben Messer zwischen den
Zähnen.
Nein, sie gehen nicht besonders vorsichtig mit uns
um. Ja, sie nehmen uns gefangen und schleppen uns
in ihr Dorf. doch das macht nichts, huhu, nein, nein,
das macht nichts

Ich steh am Marterpfahl, hab wieder grossen Durst
Die Indianer grillen mich wie eine dicke Wurst
doch das macht nichts, huhu, nein, nein,
das macht nichts

Die Wilden spielen Gitarre,
ich lass mich etwas häng'
Mein rechter Fuss fängt Feuer ;
jetzt wird es langsam eng,
doch das macht nichts, huhu, nein, nein,
das macht nichts
Ich bin nicht allein, hör noch meine Gitarre dabei.
Aber was ist das für ein Tumult? Da kommen die
Squaws, die Indianerfrauen.
Sie schreien wild, fast hysterisch, schütten Wasser
auf meine Füsse und küssen sie. Und sie rufen ihren
Männern zu: Den dürft ihr nicht verbrennen; Das ist
doch der Bentgens aus Heidelberg mit seiner Gitarre:
Und alle liegen sich in den Armen und singen: Du bist
nicht allein, du hast doch die Gitarre dabei!

Heidelberg, 10.06.2001

Gross und klein
Text & Musik: Bernhard Bentgens

Erst bist du ganz klein
Das muss so sein
Dann wirst du gross
Warum denn bloss?

Später wirst du wieder klein
Dann hört's aber auch schon wieder irgendwann auf!

Wenn du auf die Welt kommst,
dann bist du ganz klein
Später musst du wachsen,
immer weiter wachsen
Und eines Tages bist du gross
Machst nicht mehr in die Hos.

Ich bin ja noch soo klein
Ich möcht doch gerne groß sein

Kennst du das? Du wachst morgens auf
und es ist alles so, wie immer.
Und das bleibt dann so . . . .
kennst du das?

Hallo Du?

Text & Musik: Bernhard Bentgens

Hallo Du, wie finsten dieses Lied,
das ist doch gut, oder ?
Na also, na also.
Hallo Du, wie finsten dieses Lied, das ist doch gut ?

Niemand will es hören, niemand kauft die Platte.
Alle laufen weg und kaufen sich ne Watte.
Hallo Du, wie finsten dieses Lied, das ist doch gut ?

Lege mich auf deinen Teller
und ich dreh mich wie verrückt,
wie verückt, wie verückt.

Leg' mich auf und ich dreh mich immer schneller.
Du denkst dein Plattenspieler wär kaputt,
doch ich bin's nur, hallo !

Hallo Du, wie finsten dieses Lied,
das ist doch gut, oder ?
Na also, na also.
Hallo Du, wie finsten dieses Lied,
das ist doch gut?

Niemand will es hören, niemand kauft die Platte.
Alle laufen weg und kaufen sich ne Watte.
Hallo Du, wie finsten dieses Lied,
das ist doch gut ?

Vielleicht ist es zu ehrlich und Erich hat den längsten,
vielleicht der Text zu kurz,
am besten, du verdrängsten,

Hallo Du, wie finsten dieses Lied,
das ist doch gut, oder ?
Na also, na also.
Hallo Du, wie finsten dieses Lied, das ist doch gut ?
Niemand will es hören, niemand kauft die Platte.
Alle laufen weg und kaufen sich ne Watte.
Hallo Du, wie finsten dieses Lied, das ist doch gut ?

Lege mich auf deinen Teller

und ich dreh mich nur für dich, nur für dich,
nur für dich.
Leg' mich auf und ich dreh mich immer schneller.
Du denkst dein Plattenspieler wär kaputt,
doch ich bin's nur, hallo !

Hallo Du, wie finsten dieses Lied,
das ist doch gut, oder ?
Na also, na also.
Hallo Du, wie finsten dieses Lied,
das ist doch gut ?
Niemand will es hören, niemand kauft die Platte.
Alle laufen weg und kaufen sich ne Watte.
Hallo Du, wie finsten dieses Lied, das ist doch gut ?

Hallo, ich wollt schon immer mal ein Lied singen, das so anfängt

Text & Musik: Bernhard Bentgens

hallo, ich wollt schon immer mal ein lLied singen, das
so anfängt
hallo, ein Lied das so beginnt fängt voll gut an

hello das klingt als ob danach was wichtiges käme.
sowas wie ich lieb dich oder
du stehst auf meinem fuss.
hallo, das weckt Interesse,
hello, das spricht einen direkt an.
hello, das ist persönlich und hallo, da fühle ich mich
dann gut bei:

hallo, ich wollt schon immer mal ein Lied singen das
so anfängt
hallo, ein Lied das so beginnt fängt voll gut an

hallo, ist da jemand der das verstehen kann hier im
Haus?

der vielleicht auch schon schon einmal ein Lied

singen wollte das anfing mit

hallo, - probiert es gerne selber aus: *ich lass euch
nicht allein, ich werde euch begleiten*
hallo, ich wollt schon immer mal ein lied singen, das
so anfängt
hallo, ein Lied das so beginnt, fängt voll gut an

*hallo, und wie war's für euch? wie habt ihr euch
gefühlt?
war es gut? wollt ihr vielleicht noch mal? ok*

hallo, ich wollt schon immer mal ein lied singen, das
so anfängt
hallo, ein lied das so beginnt, fängt voll gut an

bei einem lied das so beginnt, fühl ich mich gut bei,
gut-bei

hallo, da fühl ich mich richtig gut bei :ll

Hallo kleiner Dino

Text & Musik: Bernhard Bentgens

Hallo kleiner Dino flieg hinaus aufs Meer.
Fliege in die Wolken, dann seh ich dich nicht mehr.

Ich sah dich heute morgen,
da warst du dort am Strand.
Du hattest großen Hunger
und frasst mir aus der Hand.
Mit deiner Riesenschnauze,
grad doppelt groß wie ich.
Warst du so furchtbar zärtlich und kitzeltest mich.

Hallo kleiner Dino, was machst du bloß?
Ich kann dich nicht lieben, du bist doch viel zu groß!

Der letzte Dino war schwul
und ein kleines bißchen dumm
und er war herzenslieb
und wußte nicht warum.

Hallo kleiner Dino, jetzt fliegst du dahin,
ich kann doch nicht mitkommen,
das macht jetzt keinen Sinn.
Hallo kleiner Dino, ich singe dieses Lied
es singt von deiner Liebe
und warum's dich nicht mehr gibt.

Lieber Dino, die Liebe war wohl größer als du.
Noch größer, da kamst du gar nicht gegen an.

Hallo kleiner Dino, flieg hinaus auf's Meer
Von dort kamst du auch her.
Jetzt gibt es ihn nicht mehr,
den letzten Saurier.

Wenn die DinoSAUrier die Sau rauslassen, dann
werden sie zu Dinoriern und die Norier sind relativ
zahm, weil sie nicht mehr die Sau rauslassen können.
Leise ganz leise

Hallo kleines Ufo

Text & Musik: Bernhard Bentgens

Hallo kleines Ufo / nimm mich bitte mit
flieg zu andren Welten / das ist bestimmt der Hit.

Hallo kleines Ufo/ nimm mich bitte mit
ich will hier nicht mehr bleiben / flieg mit mir ins Glück
: ganz weit weg, weit, weit weg.

Woanders ist es sicherlich viel besser als hier
woanders ist es sicherlich ganz toll.
woandes gibt es Wesen, die sind anders als wir
vielleicht sind deren Nasen nicht so voll.

Woanders ist es sicherlich viel schöner als hier
woanders muß es schließlich besser sein
woanders ach woanders ach woandertaler sind
vielleicht sind deren Hirne nicht so klein

Hallo kleines Ufo / flieg doch nicht vorbei
ich hab jetzt keinen Bock mehr / auf lange Warterei

Ich will jetzt endlich rüber / auf einen andern Stern
möglichst einen schönren / und möglichst ziemlich
fern:
ganz weit weg, weit, weit weg

Wenn du im Universum einmal trampen willst / dann
glaube nicht , daß du mit deinen Daumen etwas giltst
/

Du mußt da übers Radio gehn,/ die Radiowellen kann man überall verstehn. /
Die Wellen aus dem Radio die fliegen durch's All / die kann man überall empfangn auf jeden Fall /
Und irgendwo da draußen wird das sicher einer hörn / der wollte sowieso hier den Luftverkehr störn /
der kommt und holt dich mit dem UFO ganz toll / du mußt ihm nur sagn, wo er dich hinbringen soll. Ganz weit weg, weit, weit weg !
Das ist ganz einfach, nur ein Problem vielleicht / wie kommst du in das Radio , das ist nicht so leicht. /
Im SDR da könntst du in den Reiseruf rein / doch den Reiseruf, hört im All kein Schwein /
besser ist ein Text, die echt was rüber bringt / natürlich klingt's am schönsten, wenn man etwas singt. /
Also sing ein Lied, komm damit übern Äther / dann hört man dich im ganzen Universum später / ganz weit weg / weit, weit, weg.

Woanders kann ich dann im Fernsehn alles ansehn
wie unsre Welt sich langsam marodiert
woanders wird's mir andrerseits ganz anders geschehn
wenn unsre Welt dann nicht mehr existiert

Woanders werd ich dann wahrscheinlich sehr traurig
sein
wenn alle meine Freunde nicht mehr sind
Womöglich gibt es dann auch dieses ...... nicht mehr
ich weiß nicht, ob ich das so klasse find

Hallo kleines UFO / ich glaub ich bleibe doch /

kann doch nicht einfach abhaun / die brauchen mich
hier noch
Hallo kleines UFO / fliege ruhig vorbei / Ich hab jetzt
keinen Bock mehr /
auf lange Reiserei / ganz weit weg / weit, weit weg !

Hallo Zukunft

Text & Musik: Bernhard Bentgens

Vorn paar Tagen mal, als ich das Haus verlasse
Da denk ich noch, wie schön ist diese Welt.
Und plötzlich treffe ich unten auf der Straße
Eine Frau, die mir sehr gut gefällt.

Ich lauf ihr nach und denk nur an das eine
wie sprech ich diese Frau am besten an.
Da rutsch ich aus und brech mir beide Beine
im Krankenwagen merke ich es dann :

Hallo Zukunft, du sahst auch schon mal besser aus
Hallo Zukunft, jetzt halte doch mal still.
Hallo Zukunft, ich weiß von dir ja nix genau's
Ich weiß nur, daß du nie so bist, wie ich will.

Im Krankenhaus komm ich gleich unters Messer
Doch die Schwester, die mich plagt, ist mir bekannt
Als ich sie seh, da geht es mir gleich besser,
Weil sie es war, ihr bin ich nachgerannt.

Als erstes gesteh ich ihr meine Liebe
und dann küß ich sie, das hat sie wohl erregt.
Sie rennt panisch raus und schreit um Hilfe
Etwas später da werd ich dann verlegt.

Hallo Zukunft, du sahst auch schon mal besser aus
Hallo Zukunft, jetzt halte doch mal still.
Hallo Zukunft, ich weiß von dir ja nix genau's
Ich weiß nur, daß du nie so bist, wie ich will.

Seitdem trage ich ne ganz moderne Jacke
die hinten schließt, die Ärmel sind zu lang
die neue Schwester ist ein Mann mit Macke
dieser Pfleger hasst mich, oh mir ist so bang.

Grade eben kommt der Pfleger mit ner Spritze
jagt mir das Ding in meinen Unterbau
auf meine Fragen macht er schlechte Witze
die Frau, die ich geküßt, sei seine Frau.

Hallo Zukunft, du sahst auch schon mal besser aus
Hallo Zukunft, jetzt halte doch mal still.
Hallo Zukunft, ich weiß von dir ja nix genau's
Ich weiß nur, daß du nie so bist, wie ich will.

„Händy sei lieb!"
Text & Musik: Bernhard Bentgens

Hör doch mal mein Händy - hat 100 Klingeltöne
98 Schlechte und 2 so richtig Schöne
so ein heisses Händy leck mich an den Socken
das klingt voll obercool, und total trocken

Neulich suche ich nen neuen Klingelton
Und für 1,49 Euro krieg ich so was schon
Ich muss ja nur ins Internet auf meine Klingelseite
Dort kann ich sie hörn, die neue Klingel_Pleite

Eine Stunde suche ich nach meinem neuen Sound
Da finde ich das Ding hier und hab nicht schlecht ge-
staunt
Das ist ja die Begleitung zu meinem neuen Song
Und dieser Song ist ein Bonbong mit dem speziellen
Klong

Hör doch mal mein Händy - hat 100 Klingeltöne
98 Schlechte und 2 so richtig Schöne
so ein heisses Händy leck mich an den Socken
das klingt voll obercool, und total trocken

Neulich im Konzert mit einer coolen Schwester
Das war voll krass mit Sinfonie-Orchester
Und gerade spielen alle ganz leise und ganz dünn
Da ruft mein Händy an und langt voll hin

Das klang asozial gut, so völlig hip und cool
Jeder dreht sich um zu mir und meinem Stuhl

Zur Stelle wo wir drei im Boden gerad versinken
Ich und meine Stuhl und mein Händy tut noch blin-
ken.

Hier in Heidelberg
Text & Musik: Bernhard Bentgens

Irgendwo muß du ja bleiben, irgendwo, irgendwo.
Warum nicht ausgerechnet hier,
warum eigentlich nicht hier in Heidelberg?

Heidelberg am Neckar,
statt der Liebe, statt der Träume
hast du n großes Herz aus Stein.
Heidelberg am Neckar,
für Touristen bist du schön, doch ich will bleiben,
hier in HD, hier in HD, hier in HD am Rhein.

1
In Heidelberg gibt's Sachen,
die kann man hier nicht machen, hier in Heidelberg.
zum Beispiel Parken in der Altstadt,
nicht mal wenn man bezahlt hat, hier in Heidelberg
und hier gibt es ICE
Irgendwo muß du ja leben,
warum eigentlich nicht hier in Heidelberg ?

2
Ob aus Karlsruhe oder Bremen,
kannst dich ruhig danebn benehmen,
hier in Heidelberg
Ob aus Tralien oder aus Schweden,
hier gefällst anscheinend jeder,
hier in Heidelberg
Ob aus der Schweiz oder USA,
allen geht's hier wunderbar.

Irgendwo muß du ja alt werdn,
warum eigentlich nicht hier in Heidelberg ?

3
In Heidelberg gibt's Sachen,
die kann man nur hier machen,
hier in Heidelberg
Zum Beispiel Baden gehn im Neckar,
das findn hier alle leckar,
hier in Heidelberg
Und nur hier gibt's dieses Veranstaltungsraum,
der so schön blinkt.
Und nur hier gibt's dieses Publikum,
das immer wieder gerne mal mitsingt :

Heidelberg am Neckar,
statt der Liebe, statt der Träume
hast du n großes Herz aus Stein.
Heidelberg am Neckar,
für Touristen bist du schön, doch ich will bleiben,
hier in HD, hier in HD, hier in HD am Rhein.

4
Im Neckar ist es dreckig,
alle Fischstäbchen sind eckig, hier in Heidelberg
Die Menschen tun hier babbeln,
und immer weiter krabbeln

Heidelberger Nächte sind lang

Text & Musik: Bernhard Bentgens

Heidelberger Nächte sind lang -
nicht so intressant, wie anderswo!
Heidelberger Nächte sind lang -
weil ich gar nicht weiß, was mach ich do!
Heidelberger Nächte sind so kotz!

Eine Nacht in Wiesloch, da passiert so das und dies noch
sie sagt zu ihm, ja schiess doch, dann schnarchen beide wie's Loch

Eine Nacht in Ziegele, s'ist wahr es ist kein Liegele
da krümmt sich früh das Schniegele,
dann gehn sie's Kissen biegele.
Heidelberg am Tag, da tanzt der Bär,
doch nachts wärs schön, wenn da noch einer wär!

Eine Nacht in Schlierbach,
vielleicht, daß das am Bier lag
ab zehn lag jedes Tier flach,
dann hielt sich auch kein Stier wach.

Eine Nacht in Neunheim
das kann ja nie zum freun sein.
Die Leute gehn um neun heim,
wenn nicht, das muß ein Schwoin sein.
Heidelberg am Tag ist fast wie Wien,
doch nachts da solltest du am besten fliehn

Am schlimmsten mit der Altstadt,
die bist du schon ganz bald satt,
ein Flair den sonst nur Wald hat,
da flieht, wer das geschnallt hat.

Discos gibt's nur kleine,
doch du fällst nicht über Beine
denn meistens hat's da keine,
das ist ja was ich meine:
Heidelberg am Tag ja, ja das geht,
doch nachts ist leider alles hier zu spät

In Heidelberg sind alle froh
es gibt ja auch noch anderswo
Drum wolln wir dieser Stadt entfliehn
und fahren alle nach Berlin

Weil ich hier nicht mehr Schimpfen will
fahr ich nach Kreuzberg und bin still:

Heidelberger Nächte sind lang -
nicht so intressant, wie anderswo!
Heidelberger Nächte sind lang -
weil ich gar nicht weiß, was mach ich do!
Heidelberger Nächte sind so kotz!

Hallo Zukunft, du sahst auch schon mal besser aus
Oh, dear Future
Text & Musik: Bernhard Bentgens

Vorn paar Tagen mal, als ich das Haus verlasse
Da denk ich noch, wie schön ist diese Welt.
Und plötzlich treffe ich unten auf der Straße
Eine Frau, die mir sehr gut gefällt.

The other day, when I left home in the morning
I thought: ‚How nice this world ’and all the rest and
such.
Pacing down the streets that’s when I saw her
This apparition who I liked very much.

Ich lauf ihr nach und denk nur an das eine
wie sprech ich diese Frau am besten an.
Da rutsch ich aus und brech mir beide Beine
im Krankenwagen merke ich es dann :

I follow her thinking 'bout just one thing:
How would I talk to her so that she’d find me nice?
But then I slip, my collar bone gets broken
in the ambulance I come to realize:

Hallo Zukunft, du sahst auch schon mal besser aus
Hallo Zukunft, jetzt halte doch mal still.
Hallo Zukunft, ich weiß von dir ja nix genau's
Ich weiß nur, daß du nie so bist, wie ich will.

Hello future, you just don't look so good to me
Oh dear future, sit still and let me see.
Oh dear future, I can't know all your specialty
But I have learned, your not what I'd like you to be.

Im Krankenhaus komm ich gleich unter's Messer
Doch die Schwester, die mich plagt, ist mir bekannt
Als ich sie seh, da geht es mir gleich besser,
Weil sie es war, ihr bin ich nachgerannt.

In hosptial the knife for me's been whetted
But the nurse in charge I know so well by heart
As I see her I begin to feel much better
Because it's her I tried to follow from the start

Als erstes gesteh ich ihr meine Liebe
und dann küß ich sie, das hat sie wohl erregt.
Sie rennt panisch raus und schreit um Hilfe
Etwas später da werd ich dann verlegt.

To introduce myself I confess my deep love for her
And then I kiss her, what excellent a start!!
She gets excited, runs away and calls a helper
A little later I'm on a different ward.

Hallo Zukunft, du sahst auch schon mal besser aus
Hallo Zukunft, jetzt halte doch mal still.
Hallo Zukunft, ich weiß von dir ja nix genau's
Ich weiß nur, daß du nie so bist, wie ich will.

Oh, dear future, you took the chance for prospects once
Oh dear future, sit still and let me see.
Oh dear future, I can't know all your games and funs
But I have learned, your not what I'd like you to be.

Seitdem trage ich ne ganz moderne Jacke
die hinten schließt, die Ärmel sind zu lang
die neue Schwester ist ein Mann mit Macke
dieser Pfleger hasst mich, oh mir ist so bang.

Since then I wear one of those modern jackets
With buttons at the back, the arms too long.
My new nurse is a man and seems real crooked
He truly hates me, oh, what have I done?

Grade eben kommt der Pfleger mit ner Spritze
jagt mir das Ding in meinen Unterbau
auf meine Fragen macht er schlechte Witze
die Frau, die ich geküßt, sei seine Frau.

And here he comes with my next injection
He does not spare me it almost cost my life
And when I ask him there's just one reaction
he claims the nurse I kissed - she was his wife.

Heulend im Regen
Text & Musik: Bernhard Bentgens

Und ich steh heulend im Regen
und wart auf dich,
Und mein Herz läuft mir über
und meine Leber auch,
Aber du,
du machst mich fertig
Und ich steh heulend im Regen
und wart auf dich,
Ich steh hier völlig durchnäßt,
ich steh hier völlig auf dem Schlauch,
Der Schlauch bist du, du machst mich fertig.

Ein Andrer ist bei dir ein andrer macht dich an,
Ein andrer kriegt von dir den ganzen Liebeswahn.

Und ich stell mir das vor,
ich halt das nicht mehr aus,
Ich kotz vor deine Tür,
wann kommst du endlich nach Haus, nach Haus ?

Und ich steh heulend im Regen
und wart auf dich,
Und mein Herz läuft mir über
und meine Schuhe auch,
Aber du, du machst mich fertig
Es ist schon viertel nach eins
und ich wart auf dich,
Und ich kann kaum noch was sehen,
doch ich sehe alles klar,

Nur nicht dich, du machst mich fertig.

Endlich geht's mir gut
und ich hab auch mal Glück,
Da kommt dann so ein Arsch
und nimmt mir alles wieder weg.

Und ich stell mir das vor,
ich halt es nicht mehr aus,
Ich kotz vor deine Tür,
wann kommst du endlich nach Haus, nach Haus ?

Und ich steh heulend im Regen
und wart auf dich,
Und mein Herz läuft mir über
und meine Schuhe auch,
Aber du, du machst mich fertig
Und ich steh heulend im Regen
und wart auf dich,
Ich steh hier völlig durchnäßt,
ich steh hier völlig auf dem Schlauch,
Der Schlauch bist du,
u machst mich
fertig.

Heute bist du unser Geburtstagskind

Text: Bernhard Bentgens, Musik: Bruno Mars

Heute bist du unser Geburtstagskind
alle Leute wünschen dir Glück
Gesundheit und viel Sonnenschein
und immer sollst du glücklich sein
Heute bist du unser Geburtstagskind
wir wünschen viel Glück,
huhu
huhu
wir wünschen viel Glück.
huhu
huhu
wir wünschen viel Glück.

Hier im Variété

Text & Musik: Bernhard Bentgens

Hier im Variété ist es immer schön
da kannst du tolle Leute sehen.
Die müssen auf der Bühne stehn
wenn nicht, dann kannst du sie nicht sehn :
Hier im Variété.

Hier im Variété ist es deshalb hell.
Die Lichter wechseln tierisch schnell
manchmal siehst du gar nichts mehr
und trotzdem kommen alle her :
Hier ins Variété.

Hier im Variéte ist es heute voll
ach Gott, das finden wir ganz doll
damit das auch so bleiben kann
strengen wir uns ganz toll an:
Hier im Variété.

Hier im Variété / spielt die ganze Welt
spielt verrückt o je / wie es euch gefällt
du wirst beglückt / und entzückt / sogar wenn du be-
drückt /
bist im Variété / ist das ganz ok /
hier macht das Leben weh / nixtens Spass

Glitter, Glitzer, Flitter, Glimmer,

Hier im Variété verfliegt sich eine Frau
und sie landet auf dem Bauch
jeder denkt: Das kann ich auch!
Die gleiche Dame verbiegt sich und turnt und macht
'en Fez
und das Ganze in 10 Meter Höhe am Trapez:
Das gibt es nur bei uns
Der Teddybär der Osterwald ist immer dabei
der Teddy ist ein Meister mit seiner Zauberei

Das gibt es nur im Variété
wenn ich Sterne seh

Hier im Variéte geht alles superfix
die Jonglage mit Devil-stix
das geht so schnell, daß du's nicht blixt
das geht hier wirklich ab wie nix, hier im Variéte.

Hier im Variété gibt's heut hulla-hupp
Da fliegn die Ringe um de Kupp
flup, Club, Jupp, Trupp
das geht so schnell, daß du's nicht blubb
das geht hier wirklich schwupp-di-wupp,
hier im Variété.

Wenn du nicht mehr weißt
wie es weitergeht
Alle Hilfe kommt zu spät
weil alle sind total verdreht
dann wird es Zeit füt den Besuch
hier im Variété!

Hier im Variété / spielt die ganze Welt
was ich nicht versteh, daß dir das so gefällt
du wirst entzückt / und beglückt / sogar wenn du be-
drückt /
bist im Variété / ist das ganz ok /
hier macht das Leben weh / nigstens Spass

hier im **GOP**
(**G**lück **O**der **P**ech)
Genuss **O**hne **P**ause
Ganz **O**rdentliches **P**rogramm
Gaby **O**der **P**etra

I guess you just might have a point there

text & music: Bernhard Bentgens

If you think that nobody loves you
and that there's hardly anyone in the world
dumber than you.
If you think, your mom always hated you
and if you think, there's never anyone
who really loves you.

I guess you just might have a point there
it's not just something you conceive
I guess you just might have a point there
every word is probably true.

If you think, your dad always thought you acreep
and you think, your whole life is a joke
If you think, you get on everyone's case
and you get on your own case worst of all.

I guess you just might have a point there
it's not just something you conceive
I guess you just might have a point there
every word is probably true.

You know what I mean, don't you?
Or don't you?

Yeah, I thought so. - Or are you one of those people who always say: Hey man, no worries. I am the greatest! But those people, they are just saying it. What they are thinking is a different story. What they are thinkingis, that they are probably not quit the cream of the crop.

I guess you just might have a point there
it's not just something you conceive
I guess you just might have a point there
every word is probably true.

Ich-AG
Text & Musik: Bernhard Bentgens

Ich war immer schon selbstständig:
Ich arbeite selbst und ständig.
Das „ständig" ist mir jetzt zu viel
Ich setz die Freiheit aufs Spiel
Und bewerbe mich auf die Schnelle
auf eine Arbeitsstelle.

das ist eigentlich ganz einfach:
ich geb ein Inserat auf ,
das leg ich nur in mein Fach.
damit ich nicht Gefahr lauf
Daß das jemand andres außer mir sieht...

Jetzt bewerb ich mich bei mir
ich brauche nicht viel Werbung
weil es landete hier
nur eine einzelne Bewerbung

Das Vorstellungsgespräch war ganz ok
weil ich mich gut mit mir versteh
weil der Bewerber mir gefällt
hab ich mich eingestellt.
Jetzt arbeite ich den ganzen Tag
mit Leuten, die ich mag

Ich und meine ICH-AG
wir haben Schwung und DIE Idee
Wir bringen Deutschland wieder ganz nach vorn
Ich und meine ICH AG

Wir haben Schwung und DIE Idee
Ohne uns hätt Deutschland längst verlorn.

Die Welt ist groß und ich bin klein
Was soll die Firma größer sein
Ich bin Chef und mir geht's gut
Deutschland: fasse Mut!

Doch letzte Woche fing das Elend an
Ich wollte ne Gehaltserhöhung ham
Die Gespräche waren erst ganz nett
Doch leider die Fördergelder weg
Da wollt ich mich entlassen
doch ich kann mich gar nicht schassen:
das hat nicht hin,
weil ich Leiter des Personalrats bin

Ich und meine ICH-AG wir haben Schwung
und DIE Idee
Wir bringen Deutschland wieder ganz nach vorn
Ich und meine ICH AG
Wir haben Schwung und DIE Idee
Ohne uns hätt Deutschland längst verlorn.

Ich sitze in der Chefetage
Keiner ist mehr über mir
Unter mir da gilt es nicht:
1,2,3, ich komme!
Ich fackel jetzt nicht mehr lang
Und mach den Börsengang

Selbstständig bist du Herr der Lage
Die Grippe dauert dann nur 2 Tage
Doch jetzt seitdem ich angestellt
Hab ich mich immer angestellt
Und feier krank
auf der langen Bank
Egal, ob das dem Chef gefällt.

Ich und meine Ich AG
einsam geh ich ein, adé
die Ratschläge – ach, ich überhör'se
Ich-AG und Du-AG,
einsam geh ich ein, adé
Jetzt geh ich endlich selber an die Börse.

Doch leider warn die anderen
vorher in meiner Börse drin
Nun ist die Börse leider leer
Sie gibt nix mehr her:

Für mich und meine Ich-AG
Das war dann doch nicht DIE Idee
Da bleib ich lieber wendig
Und werd wieder selbstständig.

Ich bau meine Welt
Text & Musik: Bernhard Bentgens

Ich baue ein Schloss mit Tiefgarage
Mit Doppelstellplatz und alles gut versteckt
Ich baue ein Haus mit 1000 Fenstern
Und völlig ohne Wände
Und alles ohne Architekt
Ref: Das mach ich selber
Das mach ich alles selbst
– ich baue meine Welt auf
Das Schicksal hat da keine Wahl
Meine Gedanken machen die Dinge – real (– Zwischenspiel in as-moll)

1a
Ich bau nen Palast mit großem Orchester
Mit dem Swimming Pool davor
Der ist für das Publikum da
Ich baue ein Nest – ganz ohne Häkchen
Ganz kuschelig weich
Mit Landeplatz und Hangar

Ref: Das mach ich selber
Das mach ich alles selbst
– ich baue meine Welt auf
Das Schicksal hat da keine Wahl
Meine Gedanken machen die Dinge - real

Gesprochen: (gis+e, e+a/G, fis+79, Fmaj)
Doch leider baue ich meistens nicht die schöne Welt
–
sondern meine Gedanken kreisen um die hässlichen Dinge:
Stress, ich komm zu spät, ich kann das nicht.. und dann hab ich Stress, komme zu spät und kann das nicht. Die schlimmen Gedanken werden Realität.

2
Ich bau meine Angst in 1000 Bilder
Und diese Bilder werden alle wahr
Ich bau diese Bilder immer weiter
Betoniere sie für alle Zeit
Ref: Das mach ich selber
Das mach ich alles selbst
– ich baue meine Welt auf
Das Schicksal hat da keine Wahl
Meine Gedanken machen die Dinge – real (– Zwischenspiel in as)

3
Ich bau meine Welt durch meine Gedanken
Genau wie ich sie denke, so wird die Welt sein
Also sollte ich nur Gutes bauen
Denn alles was ich denke, geht früher oder später in die Realität ein
Das mach ich selber
Das mach ich alles selbst
– ich baue meine Welt auf
Das Schicksal hat da keine Wahl
Meine Gedanken machen die Dinge – real

Ich bin ein Exot

Text & Musik: Bernhard Bentgens

so viele menschen haben angst
vor allem was fremd ist
so viele menschen haben angst
dass ihnen jemand was weg nimmt
warum nur warum?

stell dir vor, meine hautfarbe sei anders als deine
ich röche etwas besser und hätte längere beine (als
du)
dann wär ich ein Exot für dich
Aber du musst doch keine Angst haben, hör mir doch
mal zu
ich bin vielleicht genau so doof wie du:

ich bin ein exot
du bist ein exot
jeder ist fast überall für jeden ein exot
ich bin ein exot
du bist ein exot
jeder ist fast überall für jeden ein exot
außer bei sich selbst zuhause

das ist sonnenklar - jedem ist das klar
der schon mal woanders war
als nur bei sich zuhause

ich bin ein exot - bei dir zuhause
du bist ein exot - bei mir zuhause
jeder ist fast überall für jeden ein exot
nur an einem einzigen ort nicht.
überall anders: exot

menschen, die noch nie verreisten
können den transfer nicht leisten
ihr horizont bleibt immer eng und ängstlich
alle singen: warum nur warum?
wir fragen uns: warum nur warum?
Ich weiß es nicht

ich bin ein exot und das ist auch gut so
du bist ein exot - wir sitzen in einem boot
jeder ist fast überall für jeden ein exot
jeder sitzt im boot
der eine aus not
der andere sieht rot
bei allem was fremd ist
so viele menschen haben angst
dass ihnen jemand was weg nimmt
warum nur warum?

Ich bin nicht allein (Gitarre)
Text & Musik: Bernhard Bentgens

Ich sitz am Lagerfeuer und brate meine Wurst
Die Wurst die war nicht teuer und macht mir grossen
Durst.
Doch das macht nichts, huhu, nein, nein, das macht
nichst
Ich brühe heissen Kaffee und lausch in die Prärie
die Koyoten heulen heute nacht so furchtbar wie noch
nie.
Doch das macht nichts, huhu, nein, nein, das macht
nichst

Ich bin nicht allein, ich hab doch meine Gitarre dabei.
Mit dir zusammen, fühl ich mich unendlich frei - end-
lich frei

Ich bin ein krass einsamer Cowboy ; und fühl mich
wie mein Vieh
ich sing mein Lied heut abend nur hier für die Prärie
Doch das macht nichts, huhu, nein, nein, das macht
nichst
Denn die Prärie ist ignorant und hört mir gar nicht zu
Die hört auf die Koyoten denn die gebn keine Ruh
Doch das macht nichts, huhu, nein, nein, das macht
nichts

Ich bin nicht allein, ich hab doch meine Gitarre dabei.
Mit dir zusammen, fühl ich mich unendlich frei - end-
lich frei
Ja, mit dir zusammen / da halt ich alles aus

Ich greif in deine Saiten / Und kitzel dies Lied aus dir
raus.
Instrumentales Zwischenspiel
Dir geht es heut anscheinend nicht so richtig:
Du lässt die Saiten hängen wie noch nie,
dein schöner Klang ist dir heut gar nicht wichtig
anscheinend tun dir deine Wirbel weh
und deine Stimmung ist hundsmiserabel
dein Schallloch klingt verstopft und manchmal knallt's
jeder Ton wirkt irre - parabel und du riechst ein biss-
chen aus dem Hals
nein, nein, das macht nichts, huhu, nein, nein, das
macht nichts

Hast du etwa Angst? Hier in der Prärie? Wer soll
denn kommen und uns überfallen? Etwa die Indianer
dort? Ja, jetzt sehe ich sie auch! Es stimmt, sie sehen
sehr gefährlich aus, und haben Messer zwischen den
Zähnen.
Nein, sie gehen nicht besonders vorsichtig mit uns
um. Ja, sie nehemen uns gefangen und schleppen
uns in ihr Dorf. Nein, das macht nichts.

Ich steh am Marterpfahl, hab wieder grossen Durst
Die Indianer grillen mich wie eine dicke Wurst
doch das macht nichts, huhu, nein, nein, das macht
nichts
Die Wilden spielen Gitarre, ich lass mich etwas häng'
Mein rechter Fuss fängt Feuer ; jetzt wird es langsam
eng,
doch das macht nichts, huhu, nein, nein, das macht
nichts

Ich bin nicht allein, hör noch meine Gitarre dabei.
Aber was ist das für ein Tumult? Da kommen die
Squaws, die Indianerfrauen.
Sie schreien wild, fast hysterisch, schütten Wasser
auf meine Füsse und küssen sie. Und sie rufen ihren
Männern zu: Den dürft ihr nicht verbrennen; Das ist
doch der Bentgens aus dem Zungenschlag mit seiner
Gitarre: Und alle liegen sich in den Armen und sin-
gen: Du bist nicht allein, du hast doch die Gitarre da-
bei!

Ich esse Bio

Text & Musik: Bernhard Bentgens

Ich bin was ich esse also esse ich gesund
Ich stopfe mir nicht alles wahllos in den Mund
Ich bin was ich esse
und früher war ich eher eine Currywurst,
immer heiss und fettig mit Cola-Durst.

Vom bio-physischen Standpunkt her
ist das alles mehr als bedenklich
Du bist was du isst, + isst du nur Mist,
wirst du irgendwann totsicher kränklich!
z.B. Kohlenhydrate, wenn ich sie brate,
werdn sie irgendwann absolut toxisch
Selbst ein Fischstäbchen
entwickelt durch heisses Fett zum Sündenbock sisch.

Ich esse bio - logisch
Zumindest denk ich dass es bio ist!
Ich esse bio - logisch
Zumindest denk ich dass es logisch ist!
Ich ess gesund und munter,
doch manches geht nicht runter.
Ich esse bio - logisch
Zumindest denk ich dass es Essen ist!

In meiner Mikrowelle, das ist wissenschaftlich Fakt
wird jedes Molekül beschleunigt und zerhackt
Die Zellstruktur wird vollständig zerstört
Ach hätt ich nur auf Grossmutter gehört
Denn die hat gesagt: Das ist doch Quatsch

Das Ding produziert doch nur Matsch!

Ich esse bio - bio - bio -

Wenn wir eine Karotte essen, eine rohe Karotte, schüttet unser Magen einige seiner Enzyme aus, die die Pflanzen-Enzyme in der Karotte aktivieren. Diese Enzyme in der Karotte verdauen daraufhin die Karotte fast ganz selbständig. Wenn die Karotte verdaut ist, sind noch einige der Karotten-Enzyme übrig, weil für die Ver-dauung der Karotte nicht alle Enzyme verbraucht wurden. Diese werden vom Körper aufgenommen und von ihm in Körper-Enzyme umgewandelt. Ein Teil davon geht dann zurück zum Magen, um das Depot wieder aufzufüllen, von dem etwas für die Verdauung der Karotte verbraucht worden war. Das ist wunderbar!

Ich esse bio - logisch
Zumindest denk ich dass es bio ist!
Ich esse bio - logisch
Zumindest denk ich dass es logisch ist!
Ich ess gesund und munter,
doch manches geht nicht runter.
Ich esse bio - logisch
Zumindest denk ich dass es Essen ist!

Was ist aber, wenn wir die Karotte kochen und sie schlabberig ist und keine aktiven lebendigen Enzyme mehr enthält? Dann ist unser Körper gezwungen, den vollständigen Verdauungsvorgang der Karotte allein durchzuführen. Er muss dafür sehr viel mehr von seinen Körper-Enzymen ausschütten und es erfolgt außerdem auch keine „Rückzahlung" auf das Enzymdepot des Körpers. Ein Mangel ist vorprogrammiert!

Ich esse bio - logisch
Zumindest denk ich dass es bio ist!
Ich esse bio - logisch
Zumindest denk ich dass es logisch ist!
Ich ess gesund und munter,
doch manches geht nicht runter.
Ich esse bio - logisch
Zumindest denk ich dass es Essen ist!

MitSingTeil: Tote Kalorien erzeugenÜbergewicht, während lebendige dies nicht tun!

Ich fühl mich noch so jung
Text & Musik: Bernhard Bentgens

Als ich noch ein Junge war da war mir völlig klar
Ich werd sowieso nicht alt, ich sterbe sicher bald
Ich werde höchstens 18 oder zwanzig Jahre alt
So lebte ich ganz einfach in den Tag hinein
Und ließ den HerrGott n guten Mann
und fünfe grade sein.

Ich fühlte mich so alt
obwohl ich so jung war.

Ich wachte auf mit dreißig

und stellte dankbar fest
Dass mein Leben mich

doch nicht so schnell verlässt.
Und als ich vierzig Jahre war

da war mir endlich klar
Dass ich wohl doch son ganz normales Menschen-
kindlein war.
Seitdem fühl 'ich noch genau wie damals,
nur umgekehrt:

Ich fühl mich noch so jung

obwohl ich schon so alt bin
Ich hab noch Pepp und Schwung
obwohl ich so alt bin

Ich fühl mich noch ganz knackisch
obwohl ich schon so alt bin
Ich mach mich für dich nackisch
obwohl ich so alt bin

So alt bin ich doch auch wieder nich
so alt das wär doch ärgerlich
Es gibt ja immer Ältere
DIE sind richtig alt
Wenn ich so alt wär wie die: ja, ei jei jei
da krieg ich gleich die Zitterei
Gicht und Sabberei

dann wär ich richtig alt

Ich hab noch so viel Spass,
obwohl schon so alt bin,
mach mich beim Lachen nass,
obwohl so alt bin
Ich hab noch so viel Haare,
obwohl schon so alt bin
Brauch noch kein Kilo Farbe,
obwohl ich so alt bin.

So alt bin ich doch auch wieder nich
so alt das wär doch ärgerlich
Der schlimmste Tag im Jahr

wenn ich eins älter war
So alt: da zeigen alle Mitgefühl
das ich mit Schampus runterspül'
wenn ich Geburtstag feier

das geht mir auf die Nerven
trotz Kater am nächsten Tag
scheint mir die Sonne, wenn ich sag:

Ich fühl mich noch so jung
obwohl ich schon so alt bin
Ich hab noch Pepp und Schwung
obwohl ich soo alt bin

(gesprochen): Und wenn du hier heute abend sitzt
und mich auf der Bühne siehst,
wie ich dieses Lied singe, dann sei froh,
dass deine Ohren so gut
und deine Augen noch so scharf sind.
Ja, und wir alle sollten dankbar sein,
dass sie uns heute abend Ausgang gegeben haben.
*(ges.)*Und wenn du Angst hast vor dem alt sein
Weil du dann nichts mehr bringst,
dann kann es eine Hilfe sein,
wenn du dieses Lied hier singst:

Ich fühl mich noch so jung
Obwohl ich schon so alt bin
Ich hab noch Pepp und Schwung
obwohl ich soo alt bin.

Ich hab dich heute nacht gegoogelt

Text & Musik: Bernhard Bentgens

Ich hab dich heute Nacht gegoogelt
seitdem mag ich dich noch viel mehr
du hast dich eng an mich geschnuggelt
und schliefst – ich wollte noch viel mehr

also ging ich ins Netz, hab deinen Namen reingetippt
5 Millionen Einträge nach 7 Sekunden
da bin ich beinah ausgeflippt
und hatte genug zu tun für die nächsten Stunden.

Ich hab dich heute nacht gegoogelt
seitdem mag ich dich noch viel mehr

Ich hab dich noch genau so lieb wie gestern

Text & Musik: Bernhard Bentgens

Ich hab dich noch genau so lieb wie gestern
ich freu mich, wenn du weinst und wenn du lachst
Ich hab dich noch genau so lieb wie gestern
ich freu mich dran, was du so alles machst.

Ich hab dich noch genau so lieb wie gestern
ich liebe dich so viel ich lieben kann.
Ich hab dich noch genau so lieb wie gestern
nur heute fühlt sich das so anders an, nur heute fühlt
sich das so anders an.

Denn du hast mir den LaufPass gegeben
und jetzt lauf ich, lauf ich passend durch die Gegend
wie ein frischgeköpftes Huhn - weiß nicht wohin, was
soll ich tun....

Gestern liebte ich dich viel zu wenig und heut auf
einmal viel zu viel!

Ich hab dich noch genau so lieb wie gestern
ich liebe dich vom Kopf bis kleinen Zeh
Ich hab dich noch genau so lieb wie gestern
nur heute tut das alles ... so weh, nur heute tut das
alles ... so weh.

Ich möcht dich noch genau wie gestern lieben ,
bis du schreist und bis ich wein von 4 bis 7
ich will dich noch, doch du willst mich nicht mehr.

Gestern liebte ich dich viel zu wenig und heut auf
einmal viel zu viel!

Denn du hast mir den LaufPass gegeben
und jetzt lauf ich, lauf ich passend durch die Gegend
wie ein abgestochnes Rind - mit BSE das keiner
nimmt.

Ich hab dich noch genau so lieb wie gestern
ich lieb dich wie du bist und wie ich bin.
Ich hab dich noch genau so lieb wie gestern,
nur weiß ich damit heute nicht wohin, nur weiß ich
damit heute nicht wohin.

Denn du hast mir den LaufPass gegeben
und jetzt lauf ich, lauf ich passend durch die Gegend
wie ein Schaffner ohne Mütz
ich weiß nicht wozu ich noch nütz'.
wie ein D-Zug ohne Plan
weiß nicht wohin, wie komm ich an.
wie ein Handy ohne Schnur
ohne Saft und Tastatur
wie ein reifer Camembert
ich schmeck mir selber schon nicht mehr.

Ich hab dich noch genau so lieb wie gestern
ich lieb dich als die Falle eines Falles
da hat sich nix verändert seit gestern.
- Nur alles!

Ich hab ein Lied gemacht

Text & Musik: Bernhard Bentgens

Ich habe ein Lied gemacht
ein wunderschönes Lied gemacht
ein wunderschönes Lied gemacht
für dich und mich und uns alle
und für dich natürlich auch

Es ist ein wunderschönes Lied
über Sonne Mond und Regen
über Gott die Welt und alles was ich mag.
Es ist ein wunderschönes Lied
mit einem Text, der kann so lügen:
dass die ganze Welt ok ist und dass jeder Mensch
dein Freund ist
und die Natur ist schön und gibt mir alles was ich
brauch
und dir auch.

Ich habe ein Lied gemacht
ein wunderschönes Lied gemacht
ein wunderschönes Lied gemacht
für dich und mich und uns alle
doch das sing ich euch nicht vor
nä, dat sing ich euch nicht vor,
denn das glaub ich selbst nicht.
Und solche Lieder gibt es schon genug.

Ich hab nen Freund (Freunderfinder)

Text & Musik: Bernhard Bentgens

Ich hab nen Freund
ich hab nen Freund
und dem geb ich in den
linken Arm nen Knuff.
Ich hab nen Freund
ich hab nen Freund
und der kriegt von mir in den
rechten Arm nen Puff.

Feundschaft ist, wenn du mich magst,
ohne dass du es gleich sagst.
Freundschaft ist, wenn ich dich mag
auch noch ma nächsten Tag!

Ich hab nen Freund
ich hab nen Freund
und dem geb ich in den
linken Arm nen Knuff.
Ich hab nen Freund
ich hab nen Freund
und der kriegt von mir in den
rechten Arm nen Puff.

Freundschaft ist, du stinkst mich an
und ich dich trotzdem riechen kann.
Freundschaft ist, du stehst mir bei
auch bei ner Klopperei.

Ich hab nen Freund

ich hab nen Freund
und dem geb ich in den
linken Arm nen Knuff.
Ich hab nen Freund
ich hab nen Freund
und der kriegt von mir in den
rechten Arm nen Puff.

Ich habe einen Traum

Text & Musik: Bernhard Bentgens

Ich habe einen Traum und der geht so:
Ich packe dir am Saum und an den Po

Ich packe dir ach anderswo
auch anderswo nich nur am Po

und da in meinem Traum da bist du froh.

Ich habe einen Traum und der ist schaurig
Ich habe ihn nicht gern und das bedaur 'ich

Du träumst auch noch mit anderswem
mit anderswem ist auch bequem

und da in meinem Traum, da bin ich traurig.

Ich habe einen Traum und das bist du
auch andersrum da wird's ein Schuh

du weckst mich auf und sagst zu mir : Gib Ruh!

Ich habe keine Laster

Text & Musik: Bernhard Bentgens

Der eine sammelt Frauen
Der andere ist brutal
Der eine läßt sich trauen
Und das zum 12 ten Mal

Der eine tötet Stiere
Indem er sie aufspießt
Der andere quält die Tiere
Die er später gerne isst.

Der eine will ein Tipi
Der andre immer „Es"
Der eine mag gern Pippi
Der andre schlimmeres.

Der eine spielt Hans Dampf und
Zeigt unterm Mantel Nacktes
Der andre mag den Kampfhund
Am liebsten als Gehacktes

Alle haben irgendwie ne Macke:
Der eine ne ganz kleine,
der andere so richtig!
Alle haben irgendwie ne Macke:
Nur ich nicht, nur ich nicht!

Paul wird gern geschlagen
Tom ist gern mal schwach
Ruth liebt es im Wagen
Und Elke auf dem Dach

Franz liebt Damencatchen
Gerhard onaniert
Hans will Busen grabschen
Die Klaus fotographiert.

Kurt liebt Katastrophen
Schaut sie im Fernsehn an
Wolfgang hört Beethoven
So laut er eben kann !

Frank treibt's gern im Flieger
Im kleinen Flugzeug-Klo
Boris ist vorsichtiger
in der Besenkammer einer Show

Alle haben irgendwie ne Macke:
Der eine ne ganz kleine,
der andere so richtig!
Alle haben irgendwie ne Macke:
Nur ich nicht, nur ich nicht!
Ich bin normal, ich bin normal,
ich bin normal.

Ich habe wirklich keine
Keine Laster, keine Macke
Hab Null acht fuffzehn Beine
Hau niemals auf die Kacke

Ich bin ja so normal
So ohne Tick und schlicht
Dass ich durch jedes Raster fall
Man registriert mich nicht

Ich bin geruchlos und neutral
Man kann mich nicht mal messen
Und bin schlicht und stinknormal
Ich werd sofort vergesse.

Würd ich nicht Slalom gehen
Rennt man mich einfach um
Ich werd von keinm gesehen
Und ich weiss auch warum.

ich hätte gerne auch einmal eine Macke
Nur eine – ne ganz kleine
Das wär für mich ganz wichtig
Sei es nur ne Warze an der Backe
Dann gäbs es mich erst richtig

Ich habe wirklich keine
Keine Laster, keine Macke
Ich hab so viel zu tun,
dass ich froh bin, wenn ich's packe

Ich mach früh morgens gern was
Sonst ist der Tag verpfuscht
Da schau ich mit dem Fernglas
Wie die Nachbarin duscht

Pass mittags auf die Hunde auf
die alles hier verkoten
Die mach ich dann zu Tiermehl
Das ist noch nicht verboten

Und jeden Abend bleib ich hier
mach ganz und gar nichts fieses
Ich setz mich lieber ans Klavier
Und schreib ein Lied wie dieses.

Alle haben irgendwie ne Macke:
Der eine ne ganz kleine,
der andere so richtig!
Alle haben irgendwie ne Macke:
Nur ich nicht, nur ich nicht!
Ich bin normal, ich bin normal ....

Ich heiße Bentgens

Text & Musik: Bernhard Bentgens

Ich heiße Bentgens, damit ihr's wißt
ich schreibe Lieder, bin Komponist.

Ich heiße Bentgens, ich sing für Geld
meine Lieder und hoffe, es gefällt.

Ich heiße Bentgens, ich sag's nochmal
dann weiß es jeder, der ganze Saal
Ich heiße Bentgens, ihr wißt bescheid
wem das nicht passt, der tut mir leid.
Ich heiße Bentgens, ich steh im Wald
ich mach die Hölle heiss und wieder kalt.
Ich heiße Bentgens, das reicht.
Irgendwann triffts jeden! Vielleicht.

Brauchst du mal so richtig Spässeken
willste Musik aber kein Jazzeken
brauchst neue Lieder: fetzig frech
und doch intelligent
und irgendwie herausfordernd,
dabei aber total groovy,
dann bist du bei mir richtig

Der Name bürgt für Qualität

Ich heiße Bentgens, ich sang schon Songs
als ich noch Windeln trug,

Ich heiße Bentgens, und euch willkomm'n
ich mach euch schwindlig und ganz benommen.
(ihr könnt mitsingen oder sommen.)

Ich laufe gern

Text & Musik: Bernhard Bentgens

Es war ein mal ein Bär
Der hatte ein Malheur
Er liebte voller Eifer
Die Diva Michelle Pfeiffer

Die sprach leider nur inglisch

So war es unabdinglisch:
Sie sprach zu ihm „Come on"

Dann lief der Bär auch schon!
„Come on, come on, come on, come on – Bär!"

Ich laufe gern – sagt meine Nase zu dem Camenbert
Ich laufe gern – sagt meine Spülmaschine
zum KreditVertrag . Und der sagt:
ich laufe gern mal aus.

Das denkt aber auch jedes Schiff im Hafen
Und die Wärmflasche kurz vorm schlafen
sagt das auch: Ich laufe gern mal aus

Selbstständige Mobiltät

Damit alles von alleine geht
Geistig körperlich unabhängig

Das willst du und ich
Und Müllers Kuh

schaut zu!
Ich laufe gern – und du?

Meine Nase sagt zu mir:

Ich laufe gern
Die frische Farbe hier

Ich laufe gern
Mein frischgezapftes Bier:
Ich laufe gern
Wenn ichs dann getrunken hab, sag ich auch:
Ich laufe gern

Ich laufe gern, sagt der Balljunge vom Agassi
Ich laufe gern, sagt Oma, doch vergass sie
Ihren (reinrassi) Dackel
denn der musst 'noch mal Gassi
Ich laufe gern, sagt der Inder
und kippt sich nochen Lassi
Ich laufe gern, mach quasi jeden Spassi – mit. Was-
sie auch?

Meine Nase sagt zu mir: Ich laufe gern

Auch meine CDs laufen gut und gern
Der Seher läuft fern

Meine Damen und Herrn
Machens wir der Nase nach

Laufen wir der Nase nach

Nur der Schreck, der läuft nicht
Der fährt mir in die Glieder.
Und ich lauf nicht aus der Haut

Ich fahre immer wieder:
Wenn ich das VerkehrsChaos seh:

Nein, nein, das läuft nicht
Und son Chaos häuft sich,

bis die Nase voll ist:

Come on, come on, come on, come on - Bär

Ich laufe gern – sagt meine Nase zu dem Camenbert
Ich laufe gern – sagt meine Spülmaschine
zum KreditVertrag . Und der sagt: ich laufe gern mal
aus.
Das denkt aber auch jedes Schiff im Hafen
Und die Wärmflasche kurz vorm schlafen / sagt das
auch: Ich laufe gern mal aus.

Ich liebe deine Stimme

Text & Musik: Bernhard Bentgens
Grenzhof am 21.April 1997

„Hallo, hier ist mein Anrufbeantworter! Ich bin leider
nicht da, aber ihr könnt mir eine Ansage aufsprechen.
Nach dem Piep. Danke." (piep!)

Ich warte schon so lange, daß dein Anruf mich er-
reicht.
Jetzt komme ich nach Hause und mein Anrufgerät
das zeicht
mir einen Anruf an - ich hoffe so, daß du es bis'
du hast ja keine Ahnung, wie sehr ich dich vermiß'.

Ich setz mich vor die Kiste, ich bin ja so gespannt.
Da hör ich deine Stimme, bei mir auf meinem Band:

(Sie, kaum verständlich) „Hallo, du Pflaume, warum
bist du nicht da, wenn ich mich melde?
Ruf mich halt zurück, ich bin hier in ◊◊◊◊ und meine
Nummer ist ◊◊◊◊◊◊◊."

Ich liebe deine Stimme, bei mir auf dem Gerät.
ich hatte Angst, es wäre, alles schon zu spät.

Es ist drei Tage später, dich sucht die Polizei
ich kann nicht ruhig hier hocken, und helfe ihr dabei.
Abends spät, komm ich nach Haus, entnervt und halb
verrückt,
da fällt mein Blick auf das Gerät, - es blinkt und das
genügt.

Ich setz mich vor die Kiste, ich bin ja so gespannt.
Da hör ich deine Stimme, bei mir auf meinem Band:

(Sie, kaum verständlich) „Hallo, mein Pfläumchen,
RAUSCH, RAUSCH, ich bin gerade im ICE nach
RAUSCH - du bist ja so gemein, daß du dich nicht
meldest. *RAUSCH,* - ruf mich doch bitte an unter der
Nummer *RAUSCH, ..*"

Drei Wochen später, du giltst schon als vermißt.
Ich hab dich überall gesucht und weiß immer noch
nicht, wo du bist.
Ich ändere die Ansage auf dem Anrufgerät
und hoffe, nur du hörst es bald und es ist noch nicht
zu spät.

„Hallo, hier ist mein Anrufbeantworter! Deine Stimme
ist ja ganz schön, aber ich versteh dich nie. Ich bin
doch ein digitales Gerät, also sprich bitte schön laut
und deutlich. Bitte, bitte,..." (piep!)

Nach einem halben Jahr hab ich dich fast vergessen
Ich hab die Stadt verlassen und wohn jetzt hier in Es-
sen.
Hier steht mein Anrufgerät und keiner ruft mich an,
Doch plötzlich heute morgen, da war wohl jemand
dran:

Ich setz mich vor die Kiste, ich bin ja so gespannt.
Da hör ich deine Stimme, bei mir auf meinem Band:

„Ich finde, das i◊ ◊◊verschämtheit v◊ ◊◊, dich ◊◊ach nicht ◊◊ ◊elden. Ich hab ◊◊ ◊◊ so lieb gehabt und di◊◊ doch daue◊◊ ◊◊erufen, aber ◊ein, der feine Herr ◊◊ ◊st z◊ ◊◊ade und st◊◊kt lieber den Kopf in den S◊◊◊. (Wüste Beschimpfungen) Ich wäre sofort ◊◊ ◊◊ z◊◊ück gekommen, du gemeiner ◊◊◊◊◊! Wenn du dich nur ein ◊◊ z◊◊ges Mal gem◊◊ ◊◊st unter der Nummer meiner Freundin 0◊◊◊◊◊◊1."

„Hallo, hier ist mein Anrufbeantworter. Das Gerät wird jetzt verschrottet. Danke."
mm

Ich liebe Technik

Text & Musik: Bernhard Bentgens

Ich liebe Technik, wenn sie funktioniert.
Ich hasse Technik , wenn sie nicht funktioniert.
ich liebe es am meisten, wenn alles einfach geht
ohne viel Gedöns und simpel und fein
ich liebe Technik, wenn sie funktioniert -
hä?- wo kommt das denn jetzt her:
„Und jetzt geben sie bitte ihr Passwort ein!"
Welches Passwort?

Der liebe Gott hat unsere Welt zunächst in nur 5 Tagen erschaffen
am 6.Tag setzte er die Krone auf und schuf uns und die Affen
Am 7.Tag wollte er diesen Rohentwurf korrigieren und verfeinern.
Seine Welt sollte einfach himmlisch sein..
hä?- wo kommt das denn jetzt her:
„Und jetzt geben sie bitte ihr Passwort ein!"
Welches Passwort?

Der liebe Gott hat am 7.Schöpfungstag
vor lauter lauter das Passwort vergessen
denn sonst hätte er sich noch den einen oder anderen Tag
drangesetzt um ein paar Schnitzer zu verbessern.
Leider hatte er dann keinen Zugriff mehr auf sie
und seine Schöpfung ist halt so wie sie ist.

Der liebe Gott, der uns vielleicht ganz anders hätt,
macht alles wieder rückgängig mit einem riesigen
göttlichen Reset.
Genau das will er tun und er findet den Befehl
und stellt alles wieder auf Urknall ein:
er drückt auf Neustart, da traut er seinen Augen nicht:
hä?- wo kommt das denn jetzt her:
„Und jetzt geben sie bitte ihr Passwort ein!"
Welches Passwort?

Wir liebe Technik, wenn sie funktioniert.
doch wir sollten sie auch lieben, wenn sie nicht funk-
tioniert.
denn passwortgeschützte Technik sichert unser
Überleben.
Passwort-Vergessen trifft praktisch jeden - selbst hier
in Eden.
Am Anfang war nicht Technik, am Anfang war das
Wort
und das göttlich universale Passwort,
das kann man doch nicht vergessen:
Das ist ein Spasswort und keine Hasswort
und es hat im Deutschen 5 Buchstaben
und fängt mit „L" an und reimt auf Hiebe.
Das wär doch schade, wenn das Passwort heute of-
fen bliebe...
Und jetzt geben sie bitte ihr Passwort ein: .....

Ich mache blau

Text & Musik: Bernhard Bentgens
Grenzhof im November 1997

Heut ist es schön! So schönes Wetter
da hält mich heute nichts im Haus
ich mache blau:
und fahr hinaus ins Blaue:

Ich mache blau und sehe Bäume
Ich mache blau und seh dein fragendes Gesicht
das ist blausibel denn ich habe blaueTräume
mit dir zusamm'n im Grünen einmal ///

Blausiegel ausprobiern die blauen
Ich mache blau weit weg von meinem Chef
blaudern am Meer hinter denTauen
Den grünen Knutschfleck mach ich blau ///

An deinem Hals will ich heut knutschen,
lutschen und dann langsam runterrutschen...

Was ist denn los?
Du willst nicht mit mir fahren?
Die letzte Spritztour hängt dir noch in den Haar' n
Nicht so schlimm,
dann fahrn wir heute eben mit der ///

Eisenbahn findst du auch viel besser
Wir gehn zum Bahnhof, da ist ordentlich was los

Da kommt ein Mann, dem laufen wir ins Messer
ich kenne diesen Mann genau, denn ///
das ist mein Chef
er kommt von seiner Reise
er freut sich, das er mich hier sieht
Ich helfe ihm und mache schönes Wetter.

Da siehst du rot, das ist ja auch blausibel
Ich sehe schwarz, mit uns das kann nicht gehn
du machst mir weiß, mit uns ist's nicht das Gelbe
Das wird mir zu bunt, ich dachte ///

Heut ist es schön! So schönes Wetter
da geh ich lieber schnell nach Haus
und geh ins Bett
und ess ne Aubergine.

Ich mag Tiere

Text & Musik: Bernhard Bentgens

Letztens auf dem Bauernhof, da traf ich eine Kuh
sie sprach mich auf mein Sacko an und bot mir an
das DU
Ich sag, daß ich bei Kühen grad nicht für Karos bin
ich würde sie auch so mögen, ihr Fell das sei grad in.

Wir sprachen über Farben, ob besser in lila
ich sagte du spinnst wohl, in braun, das sei ein Killa.
und ihre Frisur ist nur etwas zu lang
aber sonst ganz ok
Den Schwanz so zottelig, von gestern der Schnee.

Isch mag Tiere und Tiere mögen misch
egal ob Huhn ob Stiere, ob Ziege oder Fisch.

Da sag ich ihr, warum ich Kühe mag
nicht wegen ihrer Milch, das sei doch alter Quark.
Die Steaks die lieb ich saftig und mit ner feinen Soss'
und gerade sie wär prächtig mit nem Kartoffelkloss.

Isch mag Tiere und Tiere mögen misch
egal ob Huhn ob Stiere, ob Ziege oder Fisch.

Da kam ihr Mann zu uns grannt und wollt gar nicht
diskutiern
das ist wohl grad in Mode bei den erwachsnen Stiern
er nimmt mich auf die Hörner
und spielt mit mir Charade
er beißt mir ins ???

und geht weg mit meiner Wade:

Isch mag Tiere und Tiere mögen misch
egal ob Huhn ob Stiere, ob Ziege oder Fisch.

Ich sage grün

Text & Musik: Bernhard Bentgens
Grenzhof im Nov. 97

Heut ist es schön! So schönes Wetter
da hält mich heute nichts im Haus
ich fahr hinaus:
ich fahr hinaus ins Grüne:

Ich sage grün und sehe Bäume
Ich sage grün und seh in dein Gesicht
Ich sage grün und habe Träume
mit dir zusamm'n im Grünen einmal ///

Glüchlich sein mit dir im Grünen
glücklich in Grünstadt in der Pfalz
glücklich in Groenland hinter Dünen
glücklich wie ein grümer Knutschfleck

An deim Hals will ich heut knutschen,
lutschen und dann langsam runterrutschen...

Was ist denn los?
Du willst nicht mit mir sprechen?
Nicht so schlimm,
ich möcht mit dir deshalb nicht brechen:

denn heut ist schön, so schönes Wetter
da hält uns heute nichts im Haus
wir fahrn hinaus:
wir fahrn hinaus ins Grüne:

Ich sage grün und sitz mit dir im Wagen
und der ist grün und schnell, wie ein Geschoss
wir haben grün,
wenn wir aus der Stadt rausjagen
denn jede Ampel springt für uns um //

Auf rot hab ich heut keine Böcke
auf rot bin ich heut gar nicht spitz
ich hab heut eher Bock auf grüne Röcke
grad wie der der neben mir im ///

Im Autositz hier neben mir ist's so stille
wat hattu denn,
jetzt lach mal: kille-kille
Was ist denn los?
Du willst nicht mit mir sprechen?
Nicht so schlimm,
ich möcht mit dir deshalb nicht brechen

denn heut ist schön, so schönes Wetter
da hält uns heute nichts im Haus
wir fahrn hinaus: wir fahrn hinaus ins Grüne:

Augenblick mal, du willst was sagen
Ich sehe grün und meine dein Gesicht
es ist so grün
das kommt ja wohl vom Magen
denn du findest meinen Fahrstil ///

Nicht so gut in meinem neuen Wagen,
geh doch bitte schnell mal vor die Tür

Darum wolltst du nicht mit mir sprechen!
Nicht so schlimm,
ich möcht mit dir deshalb nicht brechen
(pfeifen)

Ich schenk dir ein Lied
Text & Musik: Bernhard Bentgens

ich schenk dir ein Lied
du schenkst mir Beachtung
ich schenke dem Lied die Freiheit traurig zu sein
und mitten im Lied ist dieses Gefühl und es fliegt von
mir zu dir

ich schenk dir ein lied
du schenkst mir gehör
ich schenk dem Lied die Freiheit glücklich zu sein
und mitten im Lied ist dieses Gefühl und es fliegt von
mir zu dir

schenkst du mir ein lächeln
dann geb ich's zurück
und es fliegt von mir zu dir
und schenkt du mir zwei lächeln
ich geb eines zurück - und das andere behalt bei mir

geschenkt ist geschenkt wiederholen gestohlen
geschenkt ist geschenkt wiederholen gestohlen
wiederholen gestohlen //:wiederholen://

ich schenk euch ein Lied
ihr schenkt mir Beachtung
ich schenk dem Lied die Freiheit glücklich zu sein
und mitten im Lied ist dieses Glück! und es fliegt von
mir zu euch

schenkt ihr mir ein lächeln
dann geb ich's zurück
und es fliegt von mir zu euch
und schenkt ihr mir zwei lächeln
ich geb eines zurück und das andere behalt bei mir

geschenkt ist geschenkt wiederholen gestohlen
geschenkt ist geschenkt wiederholen gestohlen
wiederholen gestohlen //:wiederholen://

Ich fühl mich frei, zu sagen, was ich denke

Text und Musik Bernhard Bentgens

Ich fühl mich frei, zu sagen, was ich denke
ich fühl mich frei, zu denken, was ich will
ich fühl mich frei, zu wollen, was ich singe
ich fühl mich frei, zu singen, was ich fühl

Wenn ihr mitsingt, dann singt ihr was ich denke
wenn ihr mitdenkt, dann singt ihr was ich fühl
WAS ihr mitfühlt, betrachtet als Geschenke
das tu ich auch - und ich liebe dies Gefühl.

Wenn ihr nicht mitsingt, dann nur weil ich nicht denke
was ihr denkt, denkt ihr nur was ihr wollt
Und fühlt euch frei, zu schweigen. Und ich denke,
was ihr dann nicht singt, das ist pures Gold.

Ich fühl mich nicht frei zu schweigen auf der Bühne
und wenn ich schweige dann fühl ich mich nicht frei
wie soll ich mich denn fühlen, wenn ich nicht singe
denn ich fühle, wenn ich schweige nichts dabei

doch wenn ihr mitschweigt,
dann schweigt ihr was ich denke
und wenn ihr mit denkt,
dann schweigt ihr, was ich fühl
was ihr mitfühlt, betrachtet als Geschenke
das tu ich auch - und ich liebe dies Gefühl.

*jetzt kommen wir zu dem freiheitlich zu singenden
Mitsingteil*

und um ihnen maximale Freiheit zu gewähren
drehen wir den Spiess nun um und singen nicht mei-
ne, sondern ihre Gefühle
ich sing ihnen das einmal vor:

Wenn ich singe, hab ich gute Laune
obwohl der Bentgens das jetzt provoziert
ich singe trotzdem und hab gute Laune
obwohl der Bentgens das jetzt alles provoziert
obwohl der Bentgens das jetzt alles provoziert

Und jetzt ALLE:
Ich fühl mich frei, zu sagen, was ich denke
ich fühl mich frei, zu denken, was ich will
ich fühl mich frei, zu wollen, was ich singe
ich fühl mich frei, zu singen, was ich fühl

wen ihr mitsingt, dann singt ihr was ich denke
wenn ihr mitdenkt, dann singt ihr was ich fühl
WAS ihr mitfühlt, betrachtet als Geschenke
das tu ich auch - und ich liebe dies Gefühl.

Ich träum

Text & Musik: Bernhard Bentgens

Ich träume in der Nacht / immer nur wenn der Mond
scheint
Das eine Auge lacht / während das andre Auge weint.
Ich träume einen Thriller / Ich träume immer schlech-
ter
Ich träum von einem Killer / von einem wahren
Schlächter

huhu . . ich kann da gar nichts machen / kann leider
nicht aufwachen.

Ich träume jede Nacht schwer / Das wird ja gar nicht
besser
der Schlächter rennt hinter mir her / mit einem Rie-
senMesser.
Ich träume gar nicht viel / Ich träum immer das Glei-
che
Immer das gleiche Spiel / Ich werd die nächste Lei-
che

Ich renne immer weiter / doch der Schlächter auch
Die Strasse wird nicht weiter / Ich stehe auf dem
Schlauch
Ich renne immer besser / doch der Schlächter auch
Ich spüre schon sein Messer / von hinten an meinem
Bauch

Moment einmal da ist was falsch / wie kann denn so-
was gehen
das Messer an meinem Bauch / da müßt ich mich
erst drehen.
Das ist wohl etwas unlogisch / so wie der ganze
Traum
da kann ich mir nicht helfen / gerad 'das Helfen klappt
jetzt kaum.

huhu . . ich kann da gar nichts machen / ich kann gar
nicht aufwachen.

Ich renne um mein Leben / und ich renne um die
Ecke
Ich renn irgendwo gegen / damit ich mich aufwecke.

Stell dir vor, es ist schlecht, doch alle schauens an.
Jeder sagt: Oh ist das schlecht! und schaut sich's
trotzdem an.

Ich hab heut nacht geträumt und das war erst ganz
nett
Ich wäre mit der Moderatorin einer Show im Bett
Die Show nannte sich hieß Peep, die TalkMasterin
Naddel
die hatte einen riesengroßen Triller unterm Paddel.
Wir waren nicht allein, da war noch die Verona
das ist die sexy - Version meiner Lieblingsoma
Schließlich kam deren Loddel, ich glaub, der ist aus
Polen
der machte: „modern talking" und wollte mich versoh-
len.

Nein, nein, es kam noch schlimmer, er wollte mich beschwätzen
zu noch mehr Fernsehprogrammen als die, die jetzt schon ätzen.
Es war ganz schlecht, ganz dumm und sehr lang anhaltend peinlich,
so peinlich, daß ich aufwachen wollt, doch das war unwahrscheinlich.

So schaltete ich um, zu einem Mann mit Wimpern
das war sehr häßlich an zusehn, sein mit den Wimpern klimpern.
Er tat als sei er eine Frau tat so unwiderstehlich,
doch ganz egal, ob Mann ob Frau, sowas mag keiner eh nicht.
Das Mannweib war 2 Meter groß ging in die Offensive

huhu . . ich kann da gar nichts machen / ich kann gar nicht aufwachen.

Ich träum dich in Farbe

Text & Musik: Bernhard Bentgens

Seit dem ich dich kenn, da träum ich in Farbe
das, was ich noch nicht mit dir erlebt habe.
Seitdem ich dich kenn, da träum ich Sterero
und hör mir an, wie ich mich weiter nach dir verzehro.

Das ist wie ein Film, so ein Traum mit uns beiden
Wir zwei sind die Helden, uns kann jeder leiden.

Und will wer was böses, dann lachen wir bloß
denn jeder sieht: uns fällt das Glück in den Schoß.

Im Schoß ist es warm, im Schoß ist es sicher
da kitzelt das Glück und verbreitet Gekicher.

Ich lieb dich in Farbe - im Traum in 3D
die Lust, die ich habe, die tut richtig weh.

Seitdem ich dich kenn, da träum ich in Farbe
seh Sachen, die ich noch nie gesehen habe.
Seitdem ich dich kenn, träum ich digital
seh dich in 3 D, als wärst du wirklich real.

Seitdem ich dich kenn, da träume ich heller
sonst nur schwarz-weiß und unten im Keller,
jetzt sind das Bilder so satt und so scharf
daß ich davon gar nichts erzählen darf.

Früher träumte ich ja eher nicht so oft
nicht spektakulär und immer ganz unverhofft.

Ein Traum kam wenn überhaupt
dann nur ganz kurz vorbei
und brachte wenig neues nur son Alltagseinerlei.

doch seitdem ich dich kenn, da träum ich in rosa
und ohne Unterbrechung durch Werbung und Prosa

Seitdem ich dich kenn, stell ich mir die Frage
warum ich dich nicht schon viel früher geträumt habe.

Ich lieb dich in Farbe - im Traum in 3D
die Lust, die ich habe, die tut richtig weh.

Seidem ich dich kenn, da träume ich lieber
wenn ich dich in echt säh, bekäme ich nur Fieber
es wär ja auch peinlich,
wenn du mich gar nicht kennst
ohne einen Blick an mir vorüber rennst.

Ja, alles ist anders, wenn ich dann aufwache
und mit dem Kopf voll gegen die Realität krache

Drum träum ich von dir am besten nur ganz entfernt
Gott sei Dank hab ich dich noch nicht kennengelernt.

Ich lieb dich in Farbe - im Traum in 3D
die Lust, die ich habe, die tut richtig weh.

Ich wär so gerne eine Frau

Text & Musik: Bernhard Bentgens

Da ist eine Stimme in meinem Kopf
eine Kopfstimme
die sagt so Dinge in meinem Kopf
so KopfDinge

Ach Gott, gut daß das keiner weiß,
das wäre ziemlich heiß,
wenn das einer rauskriegen würde, was ich da so
denke, ach Gott, das wär schlimm...
naja, wir sind ja grad so unter uns,
warun eigentlich nicht, es ist ja auch nur so ein LIed.
Also:

Ich wär so gerne eine Frau
am liebsten blond und Augen blau
dann dürft ich hemmungslos,
völlig unverklemmt Blondinenwitze erzählen,
(zB den...)
beimTelefonsex als Frau für umme wählen,
ich dürfte endlich das tun, was mir wirklich gefällt:

Und wenn wir zwei zusammen schlafen,
dann ging das auch mal ohne
wir wärn auch in der gleiche Erogenen Zone
4 Brüste fühlen mehr als 2
12 Lippen fühlen mehr als 8 (momentemal: 4 unten
und oben 2)

Ich wär so gerne eine Frau
ich wäre nicht mehr Gockel, nicht mehr Pfau.
Nicht mehr Gockel sondern Huhn
könnt endlich FrauenDinge tun:

Ich wär so gerne eine Frau
das wär das Kinn nicht mehr so rauh

Ich wär so gerne eine Frau
ich weiß ich hab en Hau

mit oben Kunst am Bau
das wär der SuperGau

Ich will Liebe
Text & Musik: Bernhard Bentgens

Die Kindergärtnerin war wirklich nicht mein Fall,
sie war häßlich, dick und ziemlich dumm.
Doch brauchte ich sie damals als Bezugsperson
und bitte frag mich nicht warum.

Auf jeden Fall, wenn sie mit mir auf'm Spielplatz war
und sie spielte einmal nicht mit mir,
sondern mit Peter, der konnt noch nicht mal richtig
Dreirad fahrn
ja dann schrie ich manchmal wie ein Tier:

Ich will Liebe, ich will Liebe! Ich will Liebe, ich will
Liebe!

Später in der Schule wußt ich nie Bescheid, warum
ich all das lernen soll.
Ich fühlte mich nicht wohl bei diesem Leistungsdreck
und ich hatte bald die Nase voll.
Und trotzdem war da etwas das mich weiter trieb,ich
lernte manchmal wie verrückt;
natürlich tat ich das nur für die Lehrerin und die war
von mir total entzückt.

Ich will Liebe, ich will Liebe! Ich will Liebe, ich will
Liebe!

Wenn ich später mal ein Opa bin und keine Oma
mich mehr mag
und ich krieg nicht mehr die ganz einfachen Sachen
hin
ja dann trifft mich hoffentlich der Schlag.

Denn ganz egal, ob alt ob jung, ob hart ob weich,
niemand ist doch gern alleine
und darin sind sich schließlich alle Menschen gleich,
die wolln doch alle nur das Eine:

Die wolln Liebe, die wolln Liebe! Die wolln Liebe, die
wolln Liebe!

Was meint ihr wohl, warum ich dieses Lied hier sing
ja warum habe ich das Lied gemacht?
Bestimmt nicht nur, damit ihr hier blöd rumsitzen
könnt,
ja das habt ihr euch wohl so gedacht.

14 Tage lang bis dieser Rhythmus rollt
und am Text da üb' ich heute noch.
Ich weiß genau, daß ihr das gar nicht wissen wollt
und ich sag es aber schließlich doch:

Ich will Liebe, ich will Liebe! Ich will Liebe, ich will
Liebe!

schaut mich nicht so blöd an,
das wollt ihr alle auch!
Ich will Liebe, ich will Liebe!
Ich will Liebe, ich will Liebe! Und ich geb es wenigs-
tens zu.

Ich würd auch mal gern gewinnen

Text & Musik: Bernhard Bentgens

Ich würd ja auch mal gern gewinnen
Ich käme auch mal gerne dran
Ich glaub, ich würd das auch verdienen
Weil ich so viel kann
Ich würd ja auch mal gern gewinnen
Einfach nur, weil ich son toller Kerl bin.

Schon in der Kindheit, die ich sicher schätzte
Wurde ich von drei Kindern das Letzte.
Im Kindergarten und Schule verlor ich die Geduld
Und später dann den Anschluss und die Unschuld
Topf schlagen, Blinde Kuh
Immer schaute ich nur zu
Sack hüpfen, Kinderleben
Immer stand ich nur daneben.

Ich würd ja auch mal gern gewinnen
Ich käme auch mal gerne dran
Ich glaub, ich würd das auch verdienen
Weil ich so viel kann
Ich würd ja auch mal gern gewinnen
Einfach nur, weil ich son toller Kerl bin.

Ich ging zum Psychiater: Wie krieg ich das weg?
Der Doktor sagt: das hat gar kein'n Zweck.
Das geht nicht von allein, das ist son Hirngespinst
Ich denk: Pass mal lieber auf, dass du Land ge-
winnst:

Der will sich beschäftigen und gibt mir was zu malen
Dann sagt er : Doch vorher erst mal zahlen
Da will ich weg doch er steht mit der Rechnung vor
der Tür:
Eine Stunde Therapie plus Praxisgebühr:

Ich würd ja auch mal gern gewinnen
Ich käme auch mal gerne dran
Ich glaub, ich würd das auch verdienen
Weil ich so viel kann
Ich würd ja auch mal gern gewinnen
Einfach nur, weil ich son toller Kerl bin.

Ich forderte das Schicksal und zwar mal etwas schär-
fer
und wurde, weil gut bezahlt: Bomben-Entschärfer
(finde ich problematisch)
Ich komme auch ganz gut voran, der neue Job tut gut
Alle Leute mögen mich, meine Arbeit, meinen Mut

Heut 'ein Riesenauftrag im Bahnhof eine Bombe
Drei Robot-Kameras schaun mir zu,
berichten eine Stunde
„Durchtrenn ich Kabel rot oder grün
Ich weiss grad nicht genau,
Ich entscheid mich für das rote,
nein, ich nehme lieber blau."

Ich hätte auch gerne mal gewonnen
Lala, Lala, Lala
Ich hätte auch mal gern gewonnen

Einfach nur, weil ich son toller Kerl - war.

(Mit dem Tod macht man keine Scherze, und Bomben riechen nach Al Quaida)
Wie wäre es denn damit: Du gewinnst drei Wochen Hawaii oder einen Abend mit dem Publikum, und vermisst es ganz schrecklich...
Nein im Ernst: Warum schreibst du nicht, dass es eigentlich ganz schön ist, nichts zu gewinnen, selbst wenn all die DSDS (nicht zu verwechseln mit GZSZ) Sendungen im TV das suggerieren und angeblich an der Börse auch immer alles mit Gewinn verbunden ist. Verlust kann doch auch schön sein (du deutetest es in der Sequenz mit der Unschuld an), zumal darin ja das Wort „-lust" steckt. Wieviel schöner ist es doch, zu verlieren: den Verstand, sein Herz, die Angst, wovor auch immer etc.)

Im Hotel
Text & Musik: Bernhard Bentgens

1
Ich liege im Hotel in einer fremden Stadt
in Friedrichs-, Ludwigs- oder Bremerhaven
es ist schon spät, das Fernsehn war mir viel zu platt
allein im Bett, ich kann nicht schlafen.

Ich hab mich amüsiert und war noch lange an der Bar
Und hab da alles weggesoffen
Schade, daß es nur meine Mini-Bar war
Sonst war im Hotel nichts mehr offen.

Da höre ich aus dem Zimmer nebenan

Eine Frau mit starken Schmerzen

Sie stöhnt und ist wohl ganz übel dran.

Ihr geht's schlecht und mir zu Herzen.

Und plötzlich stell ich fest, daß ich dich doch sehr
gerne heute bei mir hätte. dudu-dudu Und ich rauch
ne Zigarette, ... allein.

2
Ich liege im Hotel und finde keinen Schlaf
Wie soll ich auch bei diesem Gewimmer
Der Frau geht's immer schlechter, wie ich hören darf
Vielleicht stirbt sie hier im Nachbarzimmer?

Jetzt stöhnt sie rhythmisch und aus voller Brust
das Bett quietscht und poltert
ich höre eine Männerstimme und mir wird bewußt:
da wird sicher wer gefoltert.

Und plötzlich stell ich fest, daß ich dich doch sehr
gerne heute bei mir hätte. dudi-dudu Und ich rauch
ne Zigarette, ... allein.

3
Ich liege im Hotel und finde keinen Schlaf
Wie denn auch, die beiden werden richtig heftig
Sie schreit und zwar Dinge, die man gar nicht sagen
darf
Und er ist mit dem Bettgestell beschäftigt

Ich weiss es nicht, was soll ich tun, wie soll ich mich
verhalten?
Ich habe son Gefühl in mir, das kann sich nicht entfal-
ten!
Doch da ein Schrei geht mir durch Mark und Bein
Und noch ganz woanders durch / Und dann wird es
drüben wieder still.

Und plötzlich stell ich fest, daß ich doch sehr gerne
heute . . . bei mir hätte.
und ich vermiss dich richtig doll
und ich vermiss dich immer mehr,
och Gott, oh, oh, wie ich dich vermisse!
Und ich rauch ne Zigarette, ... danach .... allein .....

Im Institut für Energie

Text & Musik: Bernhard Bentgens

Im Institut für Energie
Und Umweltforschung
Im IFEU in Heidelberg am Rhein
Wo triffst du noch Menschen wie Robin Hood?
Wo sind heut noch Menschen wie Supermän?
Wo sind die Menschen noch von Berufswegen gut?

Die das Böse schmäh'n,

die das Gute säh'n?

Im Institut für Energie
Und Umweltforschung
Im IFEU in Heidelberg am Rhein
Wo sind die Retter der Umwelt?
Die verwegenen Kerle, die alles checken?
Die vorher schon wissen wo was umfällt?
Die Umwelt-Probleme in die Tasche stecken?

Im Institut für Energie
Und Umweltforschung
Im IFEU in Heidelberg am Rhein
Sag mir wo die Retter sind? Wo sind sie geblieben?

Wann wird man sie versteh'n?

Wann wird man sie versteh'n?

Im Salon de Chanson

Im französichem Stil
Text & Musik: Bernhard Bentgens

Im Salon de Chanson treffen sich heut die Sänger
Es sind alle dabei

alle Namen und Ränger
Du hörst es und riechst:
es ist nur Schall und Rauch
Im Salon de Chanson
und ich bin hier auch.

Im Salon de Chanson

Kennt das Leben kein Pardon
Alles wird belacht

Und ein Spass draus gemacht
Joe Dassin und Brassens (ins)
Singen für good old France
Singen sich in Trance

Und winken Bernhard Bentgens

Und sie schießen mit Terzen

Auf unschuldige Herzen
Und sie treffen in Dur

den Gefühlscocktail Pur
sie treffen in Moll

doch das klingt nicht so toll
von trinken und Trieben

Bis morgens um sieben:

(franz.) Im Salon de Chanson wird gezecht und ge-
prasst
Gelebt und gestorben, geliebt und gehasst
Im Salon de Chanson ist das Leben nicht schwer
man trägt die Gefühl auf dem Tablett vor sich her

Bei „Dans le port d'Amsterdam"
Da stehen alle stramm
Bei: „Ne me quitte pas"

weinen alle, ist doch klar
doch „La vie en rose"

ist keine große Chose
ich seh rigoros

ohne Moos ist nix los.

Man quält sich galant

Mit dem Rücken an der Wand
mit abstrusen Vergleichen

geht man über Leichen
Vergleicht das Leben an sich

Am Rand befindlich
Bedauerlich und

benutzerunfreundlich

Wir Deutschen daneben
singen um unser Leben
Sing'n mit deutschem Appell
Immer intélektuell
Und Reinhard Mey sehn wir doppelt dabei
Mit Zigarette im Stehn – er will wohl wieder gehen

Ja, hier über den Wolken in unsrem Verstecke
hier sieht man sie rauchen – die deutsche Ecke
Wolf Biermann, Theo Lingen und Paul Kuhn
Haben ausser rauchen heut gar nichts zu tun

Im Salon de Chanson ist man sehr tolerant
Pigor und Eichhorn und Ulf sind bekannt
Man liebt deutsche Frau'n nur mit weiblichen Reizen
Ansonsten trennt man treu
die Spreu von dem Weizen

Die Knef kann nicht singen
und hat hier kein 'Wert mehr
Auch hier gilt: der Mörder
war immer der Gärtner.
Und über den Wolken ist das Paradis
Am Hauptbahnhof von Paris.

Im Salon de Chanson ist heut abend Skandal
Mireille und Edith streiten um den Pokal

Wer die höchste und schrillste
Und nicht die stabilste
Ich kann's nicht entscheiden
Kann beide gut leiden

Maurice Chévalier küsst Juliette Gréco
Doch die flirtet gerade mit Gilbert Bécaud.
Doch Gilbert bestellt sich das dritte Souflaki
und trinkt den Pernod - mit Georges Moustaki.

Da gibt es Lieder wie Sahne
spannend wie Romane
Lieder mit Esprit

über den dernier Crie
die Ballade ohne Gnade

klingt wie Schokolade
wie Crémant und Camembert
zum sofortigen Verzehr

Plötzlich ist Schluss im Salon de Chanson
Hier ist nichts mehr los alle laufen davon
c'est l'heure de fermeture
und man verschafft sich Gehör
mit Boris Vian der singt „Le deserteur"

Und wir ziehn mit Gesang in das nächste Restaurant
Irgendwo geht's schon weiter, da sind wir nicht bang
Wir lieben den Hörer, der uns hören mag
Und vergiften den Tauben im Park.

Im Salon de Chanson waren heute die Sänger
Es warn alle dabei alle Namen und Ränger
Du hörst es noch heut
es ist nur Schall und Rauch
Im Salon de Chanson
und ich war hier auch.

Immer

Text & Musik: Bernhard Bentgens

Ich steh hier auf der Bühne
und fühle mich ganz fit
Ich will euch jetzt was vorsingn
und zwar dieses kleine Lied

Alle finden's Klasse
und alle klatschen mit.
Ja, alle finden's super
und alle machen mit

Doch plötzlich fällt mir ein,
was meine Mutter immer sagt
und die hat recht ! :

Immer, wenn's am schönsten ist
ja immer, wenn's am schönsten ist,
dann mußt du aufhörn.

In der Sauna

Text & Musik: Bernhard Bentgens

Mir ist so heiß,
so furchtbar heiß war mir noch nie, ich will hier raus:
mir ist so heiß!
Und da bist du, und du bist schön,
das kann ich sehn, denn du bist nackt. Mir ist so heiß!
Doch neben mir, da sitzt ein Mann
und dieser Schwitzbold grinst mich dauernd an.
Und ich hab Angst, daß du es checkst, wie mein Ge-
fühl in deine Richtung wächst.

Mir ist so heiß,
so furchtbar heiß war mir noch nie, ich halt's nicht
aus:
mir ist so heiß!
Und da bist du, du schaust so kühl
und mein Gefühl nimmt nur noch zu: Mir ist so heiß.
Mir steht das Verlangen im Gesicht,
und ich hoffe nur, du merkst es nicht.
Du merkst es doch, wendest dich ab, ich brenne
durch , nein ich beherrsch mich nur ganz knapp.

In der Sauna ist das Leben schön,
da kannst du nackte Hintern sehn.
Der Mensch ist originalverpackt,
gefühlsecht und ganz nackt.
Wie ein Hähnchen auf dem Hähnchengrill
so sitz ich hier und tropfe still,
der Blutdruck steigt mir ins Gesicht,
ob ich will, oder nicht.

Mir ist so heiß,
so furchtbar heiß war mir noch nie, die Spannung
steigt:
Mir ist so heiß!
Und da bist du, du schaust mich an,
und ich weiß nicht mehr, wann und wo ich bin: Ich bin
so heiß!
Und plötzlich stehst du vor mir, doch du gehst weg ,
raus vor die Tür.
Ich kann nicht mit, wie säh' das aus: Mit so'nem Ge-
fühl, da werfen die mich sicher raus.

Mir ist so heiß,
und dieser Schwitzbold neben mir spannt um jeden
Preis,
ja, so ein Schweiß.
Er kommt auf Trab und grinst so schwül,
und mein Gefühl kühlt etwas ab: Ich mach gleich
schlapp!
Mit weichen Knien robb' ich vor die Tür,
dort ist es voll, ich such nach dir.
Ich find dich nicht, denn draußen ist man nicht mehr
nackt.
Was ich von dir kenn und mag, ist längst wieder ver-
packt. Refrain: In der Sauna....

Mir ist so heiß,
und das seit Wochen schon, da komm ich jeden Tag
wieder hierher.
Mir ist so heiß, du bist nicht da und mir wird klar,
was damals war, kommt nimmer mehr!

Doch neben mir, da sitzt ein Mann und dieser
Schwitzbold grinst mich dauernd an.
Ich grins' zurück und mir wird klar: Mit etwas Glück,
werden wir zwei heut noch ein Paar.
©

In der Straßenbahn

Text & Musik: Bernhard Bentgens

In der Straßenbahn ist es immer schön
da kann man tolle Leute sehen.
Die wollen alle irgendwo hin
wenn nicht, dann wärn sie da nicht drin in der Stra-
ßenbahn.

In der Straßenbahn ist es immer toll.
Manchmal ist es tierisch voll
manchmal ist es tierisch leer
trotzdem fährt man hin und her in der Straßenbahn.

In der Straßenbahn ist es immer nett
alle Leut von A bis Zett
Schaukeln wie im Bahnballett
als ob's wer einstudieret hätt in der Straßenbahn.

In der Straßenbahn
morgens um halb zwei,
ob du n Bubi hast
oder zwei und drei
Egal mit wem, kein Problem
und es ist so bequem
in der Straßenbahn
durch die Straßen fahrn
ist dermaßen wahn
sinnig schön.

In der Straßenbahn ist es immer laut
schweigen ist da völlig out.

Alle reden angeregt
über das, was sie bewegt in der Straßenbahn.

In der Straßenbahn ist jeder hilfsbereit
um Plätze gibt es niemals Streit
junge Mütter, alte Fraun
könn' sich jedem anvertraun in der Straßenbahn.

In der Straßenbahn macht das Leben Spass
alle Menschen wissen das.
Drum fahrn sie alle gleichzeitig,
dann macht das Leben noch mehr Spass in der Stra-
ßenbahn.

In der Straßenbahn
morgens um halb zwei,
ob du n Bubi hast
oder zwei und drei
Egal mit wem, kein Problem
und es ist so bequem
in der Straßenbahn
durch die Straßen fahrn
ist dermaßen wahn
sinnig schön.

In einem Zelt

Text & Musik: Bernhard Bentgens

ich mag nicht mehr singen
ich mag nicht mehr kämpfen
ich mag nicht mehr Dinge poetisch abdämpfen
ich mag nicht mehr spielen und drumherum reden
ich mag nicht mehr singen für alle und jeden.

ich mag keine Hauser mehr stark, starr und stur
ich mag keine Dächer mehr, die begrenzen mich nur
ich mag nur noch nachgiebig weiches Tuch zB dieses
Zelt hier

wie leben in Zelten in endlosen Welten in Zeltwänden
in wändlosen Welten

ich sitze hier in einem Zelt und warte auf das Ende
die Wirtschaft ist den Bach runter, niemand glaubt an
die Wende
die Grosskopferten spielen Roulette mit unsren Köp-
fen
bereiten Pandemien vor und wollen Rahm abschöp-
fen

Ich sitz in diesem Zelt und denkt, so ungeschützt wie
gerade
so sind wir ausgeliefert den Verrückten - schade
ein Zelt bietet doch keinen Schutz so wenig wie ein
Haus
bei Zwangsimpfung sterben alle an den Wirkungen
der Impfung

doch dieses Zelt ist blickdicht - dick

nicht vereinZelt sondern im Verein Zählt am besten
im Vereinszelt
wer einzählt

Der Klügere gibt nach – gibt nach wie diese Zeltwand
und begründet damit die Weltherrschaft der Dummen.

Inklusion (gimme gimme gimme)

Text: Bernhard Bentgens, Musik: ABBA

Die Indianer die haben eine Regel
dieses Regel besagt
dass man nur jemandem hilft,
der das auch will.

Hilf mir bitte so wie ein Indianer
ein Indianer, der mich fragt,
wenn ich nein danke sag,
wünscht er mir nen schönen Tag

Dein Mitleid hilft mir kaum
das kannst du mir ruhig glaum.

Hilf mir, hilf mir, hilf mir
ich will nicht dein Mitleid
hilf wenn ich dich brauche
und sonst kann ich's allein.

Hilf mir, hilf mir, hilf mir
ich will nicht dein Mitleid
hilf wenn ich dich brauche
und sonst kann ich's allein.

Inklusion ist für viele ein Fremdwort
für Experten ein Thema
dieses Thema das geht uns alle an.

Zugehörigkeit, überall dabei sein
beziehungsweise überall dabei sein könn'n.

Dein Mitleid hilft mir kaum
das kannst du mir ruhig glaum.

Hilf mir, hilf mir, hilf mir
ich will nicht dein Mitleid
hilf wenn ich dich brauche
und sonst kann ich's allein.

Hilf mir, hilf mir, hilf mir
ich will nicht dein Mitleid
hilf wenn ich dich brauche
und sonst kann ich's allein.

ja.und.nein
Text & Musik: Bernhard Bentgens

ja und nein
groß und klein
müllers esel ist ein schwan

nein und ja
klein und groß
müllers mühle ist ein floß

ich hätt gern mol ä frog, du mußt ganz ehrlich sein
als wir uns zum ersten mal geküßt habn,
war das fein?

einerseits schon, ich wartete schon so lange,
da war ich total glücklich
über den kuss auf meiner wange
andrerseits nein, ich hätte nie gedacht,
daß so ein kleiner schmatzer
son gefühl bei mir entfacht.

also ja und nein
fein und krass
müllers esel ist ein fass

ich hätt gern mol ä frog, aber bitte sei ganz ehrlich
hältst du meine Zuneigung für dich auch für gefähr-
lich?

Jede Blume
Text & Musik: Bernhard Bentgens

Jede Blume gibt einmal den Geist auf,
jede Blume beisst ins Gras,
jede Blume fängt mal an zu stinken,
egal ob immergrün, ob Vergissmeinnicht
egal immer blau mit Veilchen im Gesicht,
egal ob nur als Schatten in der Nacht,
eagl ob wie ein Witz über den niemand niemals lacht:

Du bist wie eine Blume für mich
Du bist wie eine Blume.

Jede Blume gibt einmal den Geist auf
jede blöde Blume beisst ins Gras...

So das wars, wir hatten unser'n Spass
wir müssen auseinandergehen
auf Wiedersehn, good bye.
So das wars, wir hatten unser'n Spass
wir müssen auseinandergehen
auf Wiedersehen, es war sehr schön
beim nächsten Mal wird's wieder schön
genauso schön wie heut.

Jeden Tag will ich mit dir glücklich sein
Text & Musik: Bernhard Bentgens

Jeden Tag will ich mit dir glücklich sein
jeden Tag und nur mit dir
jeden Tag soll ruhig für uns Alltag sein sein
jeden Tag und jetzt und hier

und kommt dann wirklich mal ein Tag,
an dem ich dich nicht mag,
vielleicht kommt das ja irgendwann mal vor
dann nehm ich dich in meinen Arm
und guck woran das lag
dann sing ich dir ganz leise in dein Ohr :
bedadeldidapdapdudei
bedadeldidapdapdudei.... (einmal!)

Jeden Tag will ich mit dir glücklich sein
jeden Tag also heute auch
jeden Tag soll ruhig für uns Alltag sein sein
jeden Tag also morgen auch

und Montag, Dienstag, Mittwoch, Donnerstag, Frei-
tag, jeden Tag
am Wochenende, Samstag, Sonntag auch

an Ostern, Pfingsten, Weihnachten
und selbst am Muttertag
ich sing sogar am Winterschlußverkauf :
bedadeldidapdapdudei...

Jeden Tag will ich mit dir glücklich sein
jeden Tag und jede Nacht
jeden Tag soll ruhig für uns Alltag sein sein
weil Alltag auch glücklich macht
und kommt dann wirklich mal ein Tag
an dem ich dich nicht mag
an dem ich find´ du könntest netter sein.
dann sing ich dir, wenn´s nötig ist,
den lieben langen Tag
das kleine Lied mit folgendem Refrain .
bedadeldidapdapdudei....

An einem Tag, will ich mit noch mehr glücklich sein
und das ist heute, Samstag nacht
im (Auftrittsort) will ich mit Euch glücklich sein
weil (Auftrittsort) voll glücklich macht

und kommt am Abend der Moment,
an dem ich Euch nicht mag
an dem ich find´ Ihr könntet netter sein
dann nehm ich euch auf den Arm,
in dem ich Euch dann sag :
jetzt singt doch dieses Lied mal ganz allein :
bedadeldidapdapdudei....

Jeder ist doch irgendwie ein Künstler

Text & Musik: Bernhard Bentgens

Jeder ist doch irgendwie ein Künstler
nur du nicht - du nicht
Jeder Mensch kann doch irgend etwas besser als die
anderen
nur du nicht – du nicht.

Obwohl du singst und du tanzt
und du Witze machst und lachst
merkt man gleich, dass du's nicht kannst
weil du alles verkehrt machst.

Wenn du singst ganz allein
Und willst niemandem begegnen
Dann geht die Sonne weg
Und es fängt tierisch an zu regnen.

Auch du kannst malen, zeichnen, schöne Dinge
schaffen
Doch alles was du kannst, können auch Affen.

Jeder ist doch irgendwie ein Künstler
nur du nicht - du nicht.

Jenseits von Norden und Süden

Text & Musik: Bernhard Bentgens
für Peter Saueressig zum 16. bzw 26. Juni

Kennst du das Gefühl?

Du hast dich verlaufen
In einem tiefen Wald
Kennst du das Gefühl?

Du weißt nicht wie du raus kommst
Du weißt nur eins,

du musst es schaffen und zwar bald.

Dann gibt es nur einen Weg
Entscheide dich für eine Richtung, egal was ge-
schieht
Es ist egal ob du links gehst oder rechts
Oder nach Nord oder Süd.

Geh einfach immer weiter
Dann kommst du wieder da raus
Dann siehst du wieder Licht
und im Licht sieht alles besser aus

Geh weiter, geh weiter und du findest dein Glück
Du darfst nur nicht zögern oder ermüden
Geh weiter, geh geradeaus und schau nicht zurück
Egal ob du nach Norden gehst oder nach Süden.

Dein Glück liegt jenseits von Norden und Süden.

Kennst du das Gefühl?

Du hast dich verrannt
Und egal was du machst

Du machst einen Fehler
Du bist in einer tiefen Krise

Um dich rum wird langsam alles kalt

Kennst du das Gefühl?

Du weißt nicht, wie du da raus kommst
Du weißt nur eins,

du musst es schaffen und zwar bald

Geh weiter, geh weiter du darfst nicht ermüden
Dein Glück liegt jenseits von Norden und Süden.
Dein Glück liegt jenseits von mir und hier
Dein Glück liegt alleine in dir!

Dein Glück liegt jenseits von Norden und Süden.
Dein Glück liegt jenseits von mir und hier
Dein Glück liegt jenseits von Norden und Süden.
Dein Glück liegt alleine in dir!

Kennst du das Gefühl?

Jubiläum (gemischte Gefühle)
Text & Musik: Bernhard Bentgens
November 2000

Es war einmal so ungefähr

vor ganz genau fünfzig Jährchen
da wurd ein Kind geborn,
das wär noch toller als im Märchen.

Das warst du,
wenn's nicht immer nur so laut geschrien hätt.

Das warst du,
als Stinke-Baby und das stank oft in deinem Bett.

Es war einmal so ungefähr

vor fünfunddreissig Jährchen
da wurdst du pubertär

dir wuchsen überall kleine Härchen
das warst du,

der damals immer übers Ziel geschossen,
diese Phase hast du leider
niemals abgeschlossen.
Wir nehmen dich wie du bist,

erwachsen und als Kind
auch wenn wir heute gar nicht
bei dir eingeladen sind

Du seist gar nicht so übel,

das sagen manche Leute
und wenn die heut eingeladen sind,
dann singen sie dir heute:

Dein Schubi - dubi - jubi, schubi- dubi - jubiläum
schubidu, ja so lang gibt's dich schon!
Dein Schubi - dubi - jubi, schubi- dubi - jubiläum /
schubi dubi du: Gratulation!

Heut ist Jubiläum,
die ganz große Schenkerei,
ein Auto und ein Flugzeug,
nur ich hab nichts dabei
Heut ist Jubiläum,
wenn man's bei Licht besieht,
dann habe ich doch etwas:
ich schenk dir dieses Lied (und das geht):
Schubi - du -

Alle Augen warten auf dich,

jetzt ist es wichtig
Das du das Buffet eröffnest!

... so ist richtig.
Danach geht es weiter,

als wär nix geschehn
Das ist mir zu heiter

jetzt wolln wir doch mal sehn,
ob wir das vielleicht noch ändern

das kann man provoziern:
Immer eitel Sonnenschein

ist gar nicht gut fürs Hirn:
Also lenk ich meine Schritte

zur Frau des Jubilars
und ford're sie zum Tanz auf,

das wars.

Jetzt klär' ich deine Frau mal auf,

wie du so bist
meinen ganzen Ärger,

deinen ganzen Mist
ich hielt mich nicht zurück,

hab alles ausgekotzt
heut' wird nicht gekleckert,

heute wird geklotzt!

Ich war gespannt,

auf ihre Reaktion
da sagte sie: „ Klar,

das weiss ich alles schon!
Ich weiss sogar viel mehr,

sie könn' mich ja mal fragen:
ich muss ihn auch am Wochenend

und Feiertags ertragen:

Diesen Schubi,- dubi,- jubi,-

schubi,- dubi,- Jubilar
daß den hier keiner leiden kann,

ist mir schon lange klar.
Dieser Schauvi,- der Doofie,

oh, wie - er mich schlaucht
Dieser Mann hat alles
was man heute braucht:
Die Ellenbogen angespitzt,

er schleimt sich oben ein
und unten ist er ekelhaft,

berechnend und gemein
Er hat keine Freunde, ...
weiss gar nicht, was das ist:
dieser Egoist."

Ja, heut ist Jubiläum,
die ganz große Heuchelei
Jeder ist dagegen,
doch alle sind dabei!
Heut ist Jubiläum:
alle schütten in sich rein
so könn sie dich ertragen
und geh'n lange noch nicht heim.
Und vielen Dank für Speis und Trank!
Herr Jubilant, ich halt den Rand.

Kaffee-Song (Bitte nicht rühren)
Text & Musik: Bernhard Bentgens

Meine LieblingsTante Soffie
Die hat 'nen kleinen Spleen
Sie trinkt am liebsten Coffee
so schwarz wie Terpentin

Sie trinkt ihn nicht nur morgens
sind trinkt auch in der Nacht
Es macht ihr keine Sorgen
dass er sie munter macht.

Sie braucht die pure Power
die Bohnenkaffe bringt
Der Kaffee ist ihr Freund
der in ihrem Herzen klingt

Und dann sitzt sie da ganz still
mit ihrem Kaffee in der Hand
Der Kaffee ist so heiß,
hat ihre Lippen dran verbrannt.
Doch dann lächelt sie ganz tapfer,
verdrückt die Träne, die nichts bringt.
Sie hält sich an ihrem Kaffee fest,
bis sie ganz leise singt:

Heiß muß er sein
Stark muß er sein
und drei große Zucker muß er ham

Schwarz muß er sein
Riechen muß er fein
und drei große Zucker muss er ham
Aber bitte nicht rühren – ich mag ihn nicht so süß.

Meine LieblingsTante Soffie /
fuhr mal nach USA
Dort trank sie einen Coffee
der nicht genießbar war

Was man ihr dort servierte
konnte niemals Kaffee sein
Egal, wie man den rührte
Geschmack kam da nicht rein

Sie suchte immer weiter
s'war keiner gut genug
Sie fand nur braune Brühe
und kam voll auf den Entzug

Und dann sitzt sie da ganz still
mit ihrem Kaffee in der Hand
Der Kaffee ist so heiß,
hat ihre Lippen dran verbrannt.
Doch dann lächelt sie ganz tapfer,
verdrückt die Träne, die nichts bringt.
Sie hält sich an ihrem Kaffee fest,
bis sie ganz leise singt:

Heiß muß er sein
Stark muß er sein
und drei große Zucker muß er ham

Schwarz muß er sein
Riechen muß er fein
und drei große Zucker muss er ham
Aber bitte nicht rühren – ich mag ihn nicht so süß.

Meine Lieblingstante Soffie
irrt durch die große Stadt
Sie sucht nach gutem Coffee
den man da wohl nicht hat

Sie putsch sich mit RedBull
in einer kleinen Bar
Kraftlos rutscht sie vom Stuhl
weil sie am Ende war

Da hört sie eine Stimme
so schön wie eine Tuba
Ein schwarzer Mann spricht leise
komm doch mit mir nach Kuba

Gesagt, getan, sie fliegen fort
die Koffer warn gepackt
Und schon am Abend sind sie dort
am Palmenstrand halbnackt

Und da sitzen sie zu zweit mit gutem Kaffee in der
Hand
Der Kaffee ist so heiß, ham ihre Lippen voll ver-
brannt.
Dann lächelt sie ganz tapfer,
und schaut ihn glücklich an.

Sie hält sich an ihrem Jakob fest, So heißt der gute
Mann:
Heiß muß er sein
Stark muß er sein
und drei große Zucker muß er ham

Schwarz muß er sein
Riechen muß er fein
und drei große Zucker muss er ham
Aber bitte nicht rühren – ich mag ihn nicht so süß.

Kommunikation mit dem Publikum

Text & Musik: Bernhard Bentgens

Es gibt einen Stil in der Musik
die mich schon oft in den Wahnsinn trieb
mit Strom-Guitar und Verstärker
ein Schlagzeug mit Berserker
Ja, so Rockmusik muß rocken
und laut, ACH GOTT, HEA! LAUT ! aber so richtig!
Der Text ist nicht so wichtig.

Der Text geht: Yeah! / hu / lalala

Da hab ich mir gedenkt,
das kann ich auch, geschenkt:

Kommunikation mit dem Publikum,
das ist der Mega Spass.
Kommunikation mit dem Publikum,
das bleibt kein Auge nass.
Kommunikation mit dem Publikum,
das ist der Hit
Da mach ich mit, da bleib ich fit, bitte ein Bit, igittigitt,
da sind wir quitt, hallo, Frau Schmidt, ich glaub mich
tritt, im gleichen Schritt, mit Appetit,
Ich sage „yeah!" und ihr sagt „yeah!"
Ich sage „he-e-e!" und ihr sagt „he-e-e!"
Ich sage „wo!" und ihr sagt „do!"
Ich sage „warum!" und ihr sagt „darum!"
Ich sage „wieviel ist drei mal drei!" und ihr sagt
„neun!"
Ich sage „ja-a-a!" und ihr sagt „Das war ja leicht!"

Ich sage „wieviel ist dreizehn mal neun!"
und ihr sagt „hundertsiebzehn!"
Ich sage „ja-a-a!" und ihr sagt „Das war ja leicht!"
Ich sage „wieviel ist die Wurzel aus 144!"
und ihr sagt „zwölf!"
Ich sage „ja-a-a!" und ihr sagt „Das war ja leicht!"

Ja, Rockmusik muß rocken
und englisch muß sie sein
denn wenn sie nicht englisch ist
dann läuft sie nicht so rein.

Ja, Rockmusik muß rocken
und laut sein muß sie auch
denn wenn sie nicht laut ist
geht sie nicht in den Bauch

ja laut, ACH GOTT, HEA! LAUT ! aber so richtig!
Der Text ist nicht so wichtig.

Ja, Rockmusik muß rocken
sonst macht sie keinen Bock
denn wenn sie nicht rockig ist
geht sie nicht untern Rock

Untern Rock und in den Bauch
ja, das will der Mann doch auch
Überhaupt unter die die Haut
und das geht nur richtig laut!
ja laut, ACH GOTT, HEA! LAUT ! aber so richtig!
Der Text ist nicht so wichtig.

Landleben
Text & Musik: Bernhard Bentgens

die Kuh macht muh,

das Pferd macht brbrbr,
das Schwein macht oink,
das Schaf macht mäh
das Land und die Stadt machen Entscheidungen
schwer: Entscheidungen hin, Entscheidungen her.

das Landleben findet auf dem Land statt
das Stadtleben findet in der Stadt statt
hab ich das Landleben auf dem Land satt
ist es gut wenn ich wieder in der Stadt land'.

ich wähle Stadt statt land

- dann findet mein leben in der Stadt statt
oder ich wähl Land statt Stadt

- dann findet mein Leben auf demLand statt.

das Landleben findet auf dem Land statt
das Stadtleben findet in der Stadt statt
hab ich das Stadtleben in der Stadt satt
ist es gut wenn ich wieder auf dem Land land'.

wenn ich nun in einem Land land mit einem Stadt-
staat
und dieser Stadtstaat in einem Land stand
in dem ein Elefant im Handstand stand

dann kann es sein, dass man auf den Stadtstaat
starrt.

das Landleben findet auf dem Land statt
das Stadtleben findet in der Stadt statt
hab ich das Landleben auf dem Land satt
ist es gut wenn ich wieder in der Stadt land'.

anstatt Stadtleben auf dem Land leben

- eben auf dem Land leben eben
und das Stadtleben findet in der Stadt statt

- oder eben im Stadtstaat statt.

das Landleben findet auf dem Land statt
das Stadtleben findet in der Stadt statt
hab ich das Stadtleben in der Stadt satt
ist es gut wenn ich wieder auf dem Land land'.

sollte ich eben auf dem Land leben , also Landleben
eben,
und ist mir zu wenig Leben auf dem Land. (wenn ich
zu wenig leben auf dem Land fand)
ist es besser, wenn ich zurück zur Stadt fand
bzw ich wieder in einer Stadt land oder in einem
Stadtstaat land.

das Landleben findet auf dem Land statt
das Stadtleben findet in der Stadt statt
hab ich das Stadtleben in der Stadt satt
ist es gut wenn ich wieder auf dem Land land'.

die Kuh macht muh,
das Pferd macht brbrbr,
das Schwein macht oink,
das Schaf macht mäh
das Land und die Stadt machen
Entscheidungen schwer
Entscheidungen hin, Entscheidungen her.

Lass mich deine Insel sein
Text & Musik: Bernhard Bentgens

Lass mich deine Insel sein
Komm nur in mein Herz hinein
Bleibe dort so lang du kannst
Ich beschütz dich, keine Angst.

Um dich rum nur kalt und nass
Ungemütlich, ohne Spass
Warm und trocken sollst du sein
Auf meiner Insel Sonnenschein.

Komm doch mit zu mir / Hier auf meine kleine Insel
Ich will deine Sonne sein / lass dich ein / sei nicht
gemein /

Hier sind wir ganz allein / nur wir zwei und diese Insel
Und wir liegen hier am Strand / weißer Sand / Hand
in Hand

Auf meiner kleinen Insel / Bin ich mein eigner Herr
Da hab nur ich das Sagen / Und keiner zählt dort
mehr´
Auf meiner kleinen Insel / Bin ich Hüter des Rechts
Des Links natürlich auch / Und denke an nichts
schlechts
Auf meiner kleine Insel / Gibt·s niemals einen Streit
Wer will denn auch dort streiten / Gibt·s niemand weit
und breit
Nur ich auf meiner Insel

Ich sage was geschieht(S·Wird langweilig) / Hallo, ist
da noch jemand anderer irgendwo?

Dies Lied sei meine Insel, so ruhig und so entspannt
So stürmisch ist die See, so sicher bleibt das Land.
Hier bin ich zuhaus, da macht mir alles andre nichts
mehr aus
Meine kleine Insel / auf der ich Wache schieb
Sie ist der Hauptgewinnsel / Von einem Preisaus-
schrieb.
Sie war im schweren Rätsel / Das einz·ge Lösungs-
wort
Nach langen Wortgemätsel / Gewinn des Rätlessport
Sie war zugleich die Lösung / Und auch der 1.Preis
Sie wirkt wie ne Liebkösung / drum singe ich ihr leis:

Lass mich deine Insel sein
Komm nur in mein Herz hinein
Bleibe dort so lang du kannst
Ich beschütz dich, keine Angst.

Lass stecken
Text & Musik: Bernhard Bentgens

Damals, ich weiß es noch heute wie gestern
ich hab dir anscheinend sehr weh getan
ich hab dich betrogen mit drei deiner Schwestern
das war wohl ein Fehler, das kam nicht gut an.

Rückblickend war das für mich ja ganz schön
auch anstrengend, du weißt, was ich meine
und dann hab ich irgendwann doch eingesehn
ich lieb wirklich nur dich ganz alleine.

Doch du sagtest mir:
Du könnt'st das nicht erduld'gen
und hast mich einfach auf die Strasse gehetzt
Ich hab dann versucht, mich bei dir zu entschuld'gen
doch du sagtest zu mir,
und das hat mich entsetzt:

»Lass stecken, lass gut sein,
lass alles wie's ist
Sonst machst du nur alles noch schlimmer!
Lass stecken, lass gut sein,
mach jetzt bloss keinen Mist
und so machst du das bitte immer«

Damals, da wurdest du prüde und prüder
ich hab dir anscheinend sehr weh getan
ich betrog dich auch noch
mit zwein deiner Brüder
das war wohl ein Fehler, das kam nicht gut an.

Rückblickend war das für mich ja ganz schön
auch anstrengend, du weißt, was ich meine
und dann hab ich es irgendwann eingesehn
ich liebe wirklich nur dich ganz alleine.

Doch du sagtest mir:
Du könnt'st das nicht erduld'gen
und hast mich einfach auf die Strasse gehetzt
Ich hab dann versucht, mich bei dir zu entschuld'gen
doch du sagtest zu mir,
und das hat mich entsetzt:

»Lass stecken, lass gut sein,
lass alles wie's ist
Sonst machst du nur alles noch schlimmer!
Lass stecken, lass gut sein,
mach jetzt bloss keinen Mist
und so machst du das bitte immer«

Heute sind deine Geschwister längst weg
verheiratet Familie und Kinder.
Da frag ich dich nochmal,
denn's hat ja kein'n Zweck
ich lieb dich auch heut noch nicht minder.

Und du läßt dich erweichen,
ein bißchen vorerst
wir reden ganz ohne Beschönigung
nicht nötig, daß du mir das Leben erschwerst
und ich dir -
und dann folgt die Versöhnigung:

Wir beide zu zweit in einm Bett ganz alleine
und langsam kommt mir das ganz gemütlich vor
wir sind uns ganz nah, du weißt, was ich meine
da flüsterst du leis in mein Ohr

»Lass stecken, lass gut sein,
lass alles wie's ist
Sonst machst du alles noch schlimmer!
Lass stecken, lass gut sein,
mach jetzt bloss keinen Mist-
Lass stecken, lass gut sein,
lass alles wie's ist
Sonst machst du alles noch schlimmer!
Lass stecken, lass gut sein,
mach jetzt bloss keinen Mist

und so machst du das bitte immer«

LiebesLeben

Text & Musik: Bernhard Bentgens

Jede Menge Ärger und jede Menge Frust
und das ein ganzes LiebesLeben lang.

Manchmal geht es gut
doch meistens geht es schlecht,
ein LiebesLebenLotterLeben stirbt.

Jede Menge Ärger und jede Menge Frust
das hält doch keiner aus, wenn er nicht muß.

Refrain:
Im LiebesLeben geht es manchmal auf und ab
im LiebesLeben geht es manchmal ab.
und zu geht es gar nicht.
Dann geht es nur noch manchmal auf und ab.
Dann geht es nur noch manchmal .

LiebesLebensmüde und LiebesLebenssatt
macht sich LiebesLebensLang-eweile breit.
Kein LiebesLebenszeichen für LiebesLebenskraft
kein LiebesLebensmittel hilft gescheit.

- Kein LiebesÜberLebensTraining hilft jetzt mehr
und liebeslebenlang-sam mach ich schlapp.
Keine LiebesLebensVersicherungsAnstalt
nähm mir die LiebesLebensRettung ab.

Refrain:
Im LiebesLeben geht es manchmal auf und ab
im LiebesLeben geht es manchmal ab.
und zu geht es gar nicht.
Dann geht das LiebesLeben manchmal ein.
Dann geht es nur noch SOLO ganz allein :

SOLO
Immer noch SOLO

Wenn das SOLO lang genug war, geht es wieder los
mit dem LiebesLeben:

Im LiebesLeben geht es manchmal auf und ab
im LiebesLeben geht es manchmal ab.
Und zu geht es gar nicht.
Dann geht das LiebesLeben auch vorbei.
Bye-bye, bye-bye, bye-bye.
no woman no cry

LiebesLied

Text & Musik: Bernhard Bentgens

LiebesLied, sei doch brav,
komm zu mir heut nacht im Schlaf.
LiebesLied, sei so nett
komm zu mir ins Bett.

Dann sing ich dich die ganze Nacht
und morgen früh, etwa um acht,
ach besser erst um halber zehn :
Dann kannst du wieder gehn.

LiebesLied, wenn du gehst,
daß du das nicht falsch verstehst,
LiebesLied, dann sei still,
weil ich träumen will.

So bin ich später dann topfit,
dann singn wir wieder alle mit
wenn uns durch unsre Ohren zieht :
das liebe LiebesLied.

LiebesLied, komm zu mir,
komm zu mir hier zum Klavier.
LiebesLied, sei gescheit
spiel mit mir zu zweit.

Dann spielen wir die ganze Nacht
und morgen früh, etwa um acht,
ach besser erst um halber zehn :
Dann kannst du wieder gehn.

LiebesLied, wenn du gehst,
daß du das nicht falsch verstehst,
LiebesLied, dann sei still,
weil ich träumen will.

So bin ich später dann topfit,
dann singn wir wieder alle mit
wenn uns durch unsre Ohren zieht :
das liebe LiebesLied.

LiebesLied, bleib doch hier.
Hör nicht auf, bleib doch bei mir.
LiebesLied, kleines Glück,
komm zu mir zurück.

Lied für meine Stimme

Text & Musik: Bernhard Bentgens

gesprochen: es beginnt mit einem instrumentalen Vorspiel

Das ist das Lied für meine Stimme
die immer für mich spricht und die für mich singt
die mich ausdrückt und meine Gedanken
und was noch viel wichtiger: mein Gefühl.

oh, meine Stimme, ich möchte dir danken, denn
oh, du machst das immer so gut

und nun ein instrumentales Zwischenspiel

Ja, lieber Bernhard hier spricht deine Stimme
hier singt deine Stimme, die sonst für dich spricht.
Normalerweise sing ich deine Gedanken,
die dich so beschäftigen, ich find auch, ich mach's gut
oh, doch jetzt wo du mich so direkt einmal ansingst
bzw oh, ansprichst: hör mir mal zu:

Deine Gedanken sind sowas von öde
und spröde und langweilig uninteressant
nur ein krankes Hirn wie deines kann -

Oh, liebe Stimme, das geht jetzt zu weit,
du bist besser still, halt die klappe,
dieses lied geht jetzt ohne dich weiter
das hast du dir selbst eingebrockt.

gespr: wir hören ein instrumentales Zwischenspiel

Ein Lied ohne Stimme das geht sowas von gar nicht
Ein Lied ohne Stimme ist sowas von blöd
aber wer singt das jetzt, meine Stimme oder ich
oder singt das am Ende meine Stimme ohne mich

Also nur dass das klar, hier singt deine Stimme
um noch einmal festzustellen, ich hatte wohl recht
und dieses Lied für mich ist sowas von bescheuert
hör besser auf damit, mir wird ganz sch.....

Schon gut - dann lass ich's mitnichten
ich wollte dir ja nur was Gutes tun
Ach Gott vielen Dank dafür, ich kann drauf verzichten
veröffentlich dieses Lied lieber posthum

oh, liebes Publikum, du hast es gehört
das ist hier kein Lied für mich und für dich
das ist ein Lied für meine Stimme
und das hört jetzt auf mich.
und das hört jetzt auf mich.
und das hört jetzt auf! mich

Locker sein und locker bleiben
Text & Musik: Bernhard Bentgens

Alle Leute sagen, du musst locker bleiben
wenn du locker bleibst, wird alles wieder gut
alle Leute sagen, du musst locker bleiben
wenn du nicht locker bleibst,
verlässt dich schnell der Mut.
uh, das kann doch nicht so schwer sein, Uhu
locker bleiben locker bleiben
doch bevor du locker bleiben kannst
musst du erst mal locker sein
so richtig locker sein ist gar nicht leicht

Und wo ist die Grenze zwischen locker sein
und gedankenlos, faul und ignorant
Wo ist die Grenze zwischen in sich ruhen
und die Mitte spüren oder einfach voll apathisch sein

Uh, das kann doch nicht so schwer sein, Uhu
locker sein und locker bleiben

Selbst wenn du voll hysterisch bist
selbst wenn du mitten im Autounfall bist
selbst wenn du dich auf dem Klavier verspielst
selbst wenn du dich versingst
selbst wenn du beides - und du leides - weil du Stress
vermeides

Und wo ist die Grenze zwischen locker sein
und gedankenlos, faul und ignorant
Wie soll ich locker bleiben,
wenn ich gar nicht locker bin
locker sein krieg ich nicht hin,
weil ich halt nicht locker bin

Uh, das kann doch nicht so schwer sein, Uhu / locker
sein und locker bleiben

Selbst wenn du per Anhalter durch die Galaxis willst
selbst wenn du nie mit genommen wirst
doch wie soll ich locker bleiben
wenn sich alles gegen mich verschwôrt
doch wie soll ich locker bleibe,
wenn mich einfach alles stört?

Wo ist die Grenze zwischen Gelassenheit
und Coolness und Desinteresse
Wo ist die Grenze zwischen Entspannt sein
und Ohnmächtig (in den Seilen hängen)
wie kann ich je locker sein und bleiben,
wenn ich diese Grenze nicht sehen kann?

Uh, das kann doch nicht so schwer sein, Uhu
locker sein und locker bleiben
Zwischenspiel: locker sein und locker bleiben
du willst es doch auch
da muss wohl immer eine Schraube locker sein
eine Schraube muss locker sein und locker bleiben

Luxus-Lied

Text & Musik: Bernhard Bentgens

Dieses Lied ist purer Luxus
Völlig überflüssig - Und hat keinerlei Funktion
Dieses Lied ist purer Luxus
Pass auf, du wirst süchtig davon.

Dieses Lied ist purer Luxus
Das ist nur für Leute
die schon alle andern Lieder haben
Dieses Lied ist purer Luxus
Oder für Leute, die nicht mehr alle haben.

Es gibt Lieder, die sind wie ein Messer
Die tun weh, doch hinterher geht's dir gut
Dann gibt's Lieder, da ging's dir vorher besser
Doch hinterher da hast du wieder Mut.

Doch dieses Lied hat sowas alles
ganz absichtlich nicht
Weil Luxus nur nutzlos besticht!

Dieses Lied ist purer Luxus
Völlig überflüssig - Und hat keinerlei Funktion
Dieses Lied ist purer Luxus
Pass auf, du wirst süchtig davon.

Dieses Lied ist purer Luxus
Das ist nur für Leute
die schon alle andern Lieder haben
Dieses Lied ist purer Luxus

Oder für Leute, die nicht mehr alle haben.

Und trotzdem hören alle diesem Lied zu
Obwohl dies Lied hat wirklich keinen Sinn
Vergebens warten alle auf den Clou
Empfinden dieses Warten als Gewinn!

Vielleicht ist es 'ne Anspielung auf irgendeinen Hit
Nur die kriegt ihr leider nicht mit.

Dieses Lied ist purer Luxus
Völlig überflüssig - Und hat keinerlei Funktion
Dieses Lied ist purer Luxus
Pass auf, du wirst süchtig davon.

Dieses Lied ist purer Luxus
Das ist nur für Leute
die schon alle andern Lieder haben
Dieses Lied ist purer Luxus
Oder für Leute, die nicht mehr alle haben.

Es würd mich gar nicht wundern oder stören
Sind die Reime erst am stolpern und dann weg
Vielleicht wird noch der ganze Text aufhören -
Supergag !

Und nun der total überflüssige Mit-Sing-Teil:
Luxus, gib mir Luxus!
Und nun das total überflüssige Akkordeon-Solo:

Dies Lied wird sicher ganz berühmt
Denn jeder will es hören, will es singen
Und jeder Redakteur sagt unverblümt
Dieses Lied das muss ich dauernd bringen.

Und du hörst auf jedem Sender
und zwar den ganzen Tag
Dieses Lied, das jeder mag:

Dieses Lied ist purer Luxus
Völlig überflüssig - Und hat keinerlei Funktion
Dieses Lied ist purer Luxus
Pass auf, du wirst süchtig davon.

Dieses Lied ist purer Luxus
Das ist nur für Leute
die schon alle andern Lieder haben
Dieses Lied ist purer Luxus
Oder für Leute, die nicht mehr alle haben.

Mach kein Theater!

Text & Musik: Bernhard Bentgens

Ich sitz auf dem Balkon
und die Sonne scheint
das Leben tut so gut,
weil es so gut mit mir meint.
In der linken Hand ein Drink;
in der rechten ein Snack,
das nimmt mir jetzt so schnell keiner mehr weg:
Mir geht es gut, so richtig fein,
mir geht es gut, das soll auch so bleim.

Ich sitze hier und denke
schon öfter mal an nix
da brauch ich nich viel machen,
das klappt immer ganz fix.
Ich fühle, wie sich langsam
die Erde mit mir dreht,
ich wehr' mich nicht dagegen,
das wär ja wohl auch blöd.
Mir geht es gut, so richtig fein,
Mir geht es gut, so richtig fein,
mir geht es gut, das soll auch so bleim.

Da hör ich etwas kommen, oh, laß mich in Ruh!
Ich sehe einen Schatten und der geht auf mich zu.
Da steht jemand mit hektischen Flecken im Gesicht
und das bist du!

Mach kein Theater!
Und setzt dich ganz ruhig irgendwo hin.

Mach kein Theater!
Da kannst du mir nicht mit imprägniern.
Mach kein Theater! UND HÖR SOFORT AUF ZU
SCHREIN! Und so kannste bleim.

Ich mag keinen Goethe,
schon gar nicht den Brecht.
Ich mag auch keinen Schiller,
davon wird mir richtig schlecht.
Ich mag reden mit den Leuten
und dann reden die zurück,
das ging bisher ganz gut auch ohne Theaterstück.
Das ging ganz gut, auch ohne Reim,
das ging ganz gut, das soll auch so bleim.

Ich brauch keine Worte
von nem Autor aus dem Sarg,
ich brauch keinen Text,
ich weiß auch so, was ich sag.
Ich sage: Hey! - Ich sag, was ich will,
und wenn ich nicht sag, was ich will,
dann bin ich vorher still.
Dann geht's mir gut...

Da hör ich dich schon Reden,
das ist wohl nicht dein Ernst.
Du bist doch nur am leben,
damit du was lernst.
Ein großer Geist verschließt sich
nicht den Sorgen dieser Welt
also los - sei ein Held!

Mach kein Theater!
Und setzt dich ganz ruhig irgendwo hin.
Mach kein Theater!
Da kannst du mir nicht mit imprägniern.
Mach kein Theater!
UND HÖR SOFORT AUF ZU SCHREIN!
Und so kannste bleim.

Wir sitzen hier zusammen
auf dem Balkon.
Die Sonne scheint nicht mehr,
die trieb der Regen davon
In der linken Hand ein Schirm
in der Rechten heißer Tee.
So diskutieren wir - und friern bis in die Zeh:

Mir geht es gut, so richtig fein, mir geht es gut

Warum soll ich mir das antun,
die Probleme andrer Leut,
die sind vielleicht ja schon gestorben
und die wissen nichts von heut.
Gestern ist vorbei, da hab ich gar keine Angst.
Heute muß ich leben, das ist meine Chance.
Dann geht's mir gut, so richtig fein,
dann geht's mir gut, das soll auch so bleim.

Mach weiter
Text & Musik: Bernhard Bentgens

mach weiter
- bleib jetzt bloß nicht stehn
- du mußt weiter gehen
- bisher hierher wars doch schön

Auch wenn der Karren mal im Dreck
Du kriegst ihn sicher wieder vom Fleck
Du wirst schon sehen, daß es geht
Selbst wenn der Karren einmal steht
Wenn der Wind mal dreht.

mach weiter
- bisher warst du gut
- hab nur noch ein bißchen Mut
selbst 1 Fischstäbchen krabbelt weiter
und das kannst du auch

+ wenn du beim trinken,
+ 1 Bier mal nicht schmeckt - mach weiter
+ wenn dich beim schlafen mal wieder wer weckt
+ wenn dich beim singen mal wer ausgelacht
+ wenn dir im Kino wer das Licht ausgemacht

+ wenn du dich ärgerst und du weißt nicht warum
+ wenn du dich freust und dir kommt einer krumm

Dann wirst du als Vampir unsterblich
Dann hast du keine Wahl mehr bist nicht verderblich

Wenn's Schicksal dir nur Schläge gibt
auf Magen und auf Bauch (mach weiter)
denn selbst ein Fischstäbchen krabbelt weiter
und das kannst du auch (Schon lange)

Mach weiter, du hast ja doch keine Chance

Mach weiter!
Text & Musik: Bernhard Bentgens

Du stehst vor deinem Spiegel
und drehst dich hin und her
Doch wie du dich auch wenden magst,
da siehst du auch nicht mehr
Du siehst nur deinen Körper, genauso, wie du bist
Doch etwas stört dich, das da zuviel ist.

Grad da wo deine Hüften, sonst zierlich und ganz fein
Da ist jetzt was andres, das sollte da nicht sein
Drum willst du es verstecken, irgendwo rein
doch deine Hose ist zu eng und viel zu klein

Du ahnst es schon, das ist ein Bauch,
voll wunderschönem Speck
Den kriegst du, selbst wenn du es willst,
nicht allzu einfach weg.
Drum gehst du zu nem Schneider
mit der zu engen Hos
und sagst zu deinem Schneider,
zwei kleine Worte bloß:
Mach weiter . . .
„oder dieses hier : „

Wenn deine Hose kneift, du bist für dein Gewicht viel
zu klein . .
und wenn du plötzlich nur noch dicke Freunde hast . .

Dann mach Diät, hu, treib mal Sport.

Und hör auf meinen Rat
selbst ein Fischstäbchen krabbelt weiter, und das
kannst du auch!
„oder dieses hier : „

Ich lebe grad so vor mich hin

weil ich ja noch ein Baby bin
nur eines gibt meinem Leben Sinn
das kriegt nur meine Mama hin
Ich will keinen Schmuser, kein'n Kuss
und auch kein Drücken
Ich will von ihr das eine nur:
bitte kratze meinen Rücken:

Hallo! Hallo! hallohallohallo! Hey, das ist schön!
Mach bitte weiter!
Hallo! Hallo! hallohallohallo! Hey, das tut mir gut!
Mach bitte weiter!
Hallo! Hallo! hallohallohallo! Hey, das ist so schön!
Mach bitte weiter!
Hallo! Hallo! hallohallohallo! Hey, das ist so schön!
Hör bloß nicht auf!

Später dann die Pubertät . . .
Ihr ahnt schon wie es weiter geht . . .
ich kratze ihr den Rücken
das kann sie gar nicht entzücken
sie will etwas andres und macht es mir auch vor
dann machen wirs zusammen
und singen jetzt im Chor:

Hallo! Hallo! hallohallohallo! Hey, das ist schön!
Mach bitte weiter!
Hallo! Hallo! hallohallohallo! Hey, das tut mir gut!
Mach bitte weiter!
Hallo! Hallo! hallohallohallo! Hey, das ist so schön!
Mach bitte weiter!
Hallo! Hallo! hallohallohallo! Hey, das ist so schön!
Hör bloß nicht auf!

Selbst heut noch kann mir das passiern . . .
da kann ich mich so ganz verliern . . .
zum Beispiel im Konzert

ich lausch ganz unbeschwert
der Sänger vorne singt ein wunderschönes Lied
da kann ich mich nicht bremsen und singe einfach
mit:
Hallo! Hallo! hallohallohallo! Hey, das ist schön!
Mach bitte weiter!
Hallo! Hallo! hallohallohallo! Hey, das tut mir gut!
Mach bitte weiter!
Hallo! Hallo! hallohallohallo! Hey, das ist so schön!
Mach bitte weiter!
Hallo! Hallo! hallohallohallo! Hey, das ist so schön!
Hör bloß nicht auf!

Macho? Kann ich auch!

Text & Musik: Bernhard Bentgens

Macho? Kann ich auch!
Pass mal auf! EY! Hoy!
Bist du Macho? Macho? Kann ich auch!

Willst'n Klatscho? in den Bauch?
Stolz wie'n Apacho? ich rauch!
Krigsten Batscher.
Komm mit auf meine Datcho
machst n Flatscher auf' Bauch (Bauchflatscho)
Bei Harald ist die Lat-Sho
Beim Mexi nur Nacho inn Bauch, mag ich auch.
Och son Quatscho!
auf die Patscher, machts platscho
Wie ein Mahardscho
Arnold Schwacho
Satcho Pacho
Na watscho?

ey halt mich fest, den mach ich alle ....

märchen sind ja so romantisch
Text & Musik: Bernhard Bentgens

märchen sind ja so romantisch
und metaphern-intensiv
berühren uns voll intensiv
im innersten ganz tief
jedoch jedoch jedoch

wenn im märchen was passiert
und da passiert so einiges
der bösewicht wird einkassiert
dann passiert ihm schweiniges

kinder werden gefressen - hu
bei lebendigem leib - ha
hexen werden gebraten - hu
so zum zeitvertreib - ha

frösche werden zermatscht - klatsch, klatsch
an die wand geklatscht - klatsch, klatsch

märchen sind ja so brutal, so brutal, so brutal
das ist in märchen ganz normal, ganz normal
jedoch jedoch jedoch

wenn du mal nicht artig warst
und hast zu viel gegessen
dann wirst du in den wald gebracht
und dort im wald vergessen

willst du dornröschen retten - hu
dann wird dir das vermiest - ha
von wildgewordenen hecken - hu
und dornen aufgespießt - ha

wo ist mein zeh, nanu?
soviel blut im schuh

märchen sind ja so brutal, so brutal, so brutal
das ist in märchen ganz normal, ganz normal

spieglein spieglein hier im saal
warum sind märchen brutal
hänsel gretel sieben zwerge
rumpelstilz und gläserne särge
yo
spieglein spieglein sag mir doch
geht das'n bißchen leichter noch
gift im apfel, blut im schuh
müllers horror das bist du
yo
spieglein, spieglein what the hack
Knüppel Knüppel aus dem sack
ist es denn ein happy end
wenn die hex im ofen brennt
no
märchen sind uns zu brutal, zu brutal, zu brutal
dann sind uns märchen ganz egal, ganz egal

Mein Akkordeon
Text & Musik: Bernhard Bentgens

Man müßte Akkordeon spielen können
doch dann hätte man bei Frauen kein Glück.
Die Frauen hören lieber Klavierspielen
beim Pianospiel da fangen sie an zu schielen.
Und bei Akkordeon da laufen alle weg.

Mein Akkordeon ist wunderschön
es kann nämlich niemand weinen sehn.
Mein Akkordeon hat ein Problem
es kann nicht haben, wenn die Leut sich nicht ver-
stehn.
Der Akkordeon-Psychiater sagt, da muß es durch.

Mein Akkordeon hat 83 Tasten
und manchmal tut ihm jede Taste enzeln weh.

Mein Akkordeon und ich wir sind ja so alleine
aber einsam sein, ist manchmal richtig schön.
Das klingt dann so :

Mein Akkordeon ist manchmal so verstimmt
dann spiel ich halt nicht drauf,
das klingt dann so :

Mein Akkordeon ist manchmal so verspielt.
Und dann verspielt es sich,
das klingt dann so :

Mein Akkordeon klingt wie der Wind
beschwingt und geschwind
und das singt wie ein Kind :
tralala.

Mein Akkordeon ist klein aber laut !
wenn es glücklich ist, dann klingt es so ...
wenn es traurig ist, dann klingt es so ...
wenn es lustig ist, dann klint es so ...
wenn es sauer ist, dann klingt es so ...
wenn's verliebt ist,...
wenn's schlechte Laune hat...

Mein Akkordeon ist immer glücklich, wenn man mit
ihm singt :
Zieh die Luft rein
lass die Luft raus.

Die Luft geht rein und raus, mir geht sie aus
Die Töne sind so hell
manche langsam manche schnell
laut und leiser
manche grau und manche grell
und niemals heiser...

Mein Akkordeon ist so furchtbar abhängig von mir
der Akkordeon-Psychiater sagt, das sei voll OK
das ist auch schön, wenn ich gebraucht werde
doch ohne mich läuft gar nichts, das ihm weh.

Mein Akkordeon läßt sich gern mal hängen
dann hängt es an mir rum und spielt beleidigte Le-
berwurst
das klingt dann so ...

Mein Akkordeon läßt sich gern befingern
aber nur von mir
das ist schwer kitzlig hier an den Dingern
aber nur bei mir.

Mein Akkordeon hängt mir manchmal schwer auf
dem Magen
ich weiß, ich sollte in seinem Beisein darüber nicht
klagen.

Mein Akkordeon braucht immer soviel Luft.

Mein Fahrrad

Text & Musik: Bernhard Bentgens

Mein Fahrrad ist mein ganzer Stolz,
es ist ganz neu;
ich hab ja auch kein Auto
Mein Fahrrad braucht kein Radio,
wenn's Musik will,
dann macht es die sich selbst.
Der Dreigang knattert leis dahin ...
die Reifen schön im Tempo sing'n
Der Wind pfeifft in den Speichen,
um die Ohren
und dann pfeif ich einfach mit.

(pfeiffen)

Mein Fahrrad das ist holländisch,
doch hats natürlich auch 'ne Übersetzung.
Die braucht es auch,
sonst weiss mein Fahrrad gar nicht,
was ich von ihm will.
Ich schalte meinen Dreigang an,
dann dauert es schon nicht mehr lang,
dann schaltet mir mein Fahrrad
automatisch in den richtigen Gang.

Im 1. Gang - da dreh' ich manchmal durch:
da muss ich ganz schön strampeln.
Deshalb mach ich das nicht oft:
immer nur ganz kurz, zum Starten an den Ampeln.

Im2.Gang ist das wirklich easy ,
da muss ich nicht so trampeln.
Da tret' ich locker durch, und atme ruhig,
da muss ich gar nicht hampeln.

Im 3. Gang - da ist das Leben schön,
das läuft fast von alleine
da saus' ich durch die Landschaft,
muss unten 'n bißchen drehn,
nur bergauf geht's in die Beine

Die allerliebste Art beim Fahrradfahrn
ist aber noch mal ganz anders
und zwar wenn es bergab geht,
da muss ich nämlich gar nichts tun.

Doch leider hat mein Fahrrad drei natürliche Feinde:

Der erste ist der Platten, der kommt nur,
wenn ich kein Flickzeug hab.

Der zweite ist der Gegenwind,
der immer meine Richtung find't

Der dritte ist die glitschig nasse Strassenbahnschie-
ne, die haut mich um.

Der größte Feind, das ist der Autofahrer
und zwar in hohem Maße.

Der hupt mich an und schiebt mich vor sich her
und drängt mich von der Strasse.

Ich klingel laut,
das ist ihm einerlei,
er scheint ja unverletzlich.
grad' haaresbreit,
so schiebt er sich vorbei
und dann siehst du es plötzlich:

Sein wunder Punkt:
Verdreh den Außenspiegel,
das ärgert ihn entsetzlich.
Dann gibt er Gas,
und droht dir noch mit Prügel,
beschleunigt ungesetzlich.

Der Autofahrer jagt davon ,
läßt mich zurück in so 'ner dicken Wolke. (hust)
Doch an der nächsten Ampel
zieh' ich wieder locker an ihm vorbei.

Mein Fahrrad kommt sehr selten nur ins Schleudern
und ist ein Freihänder
Wenn es schicke Damenräder sieht,
bleibt es von alleine stehn..
Warum es von alleine steht kann?
Es hat ja einen Ständer . . .

Meine Welt (hab ich nichts zu verlieren)

Text & Musik: Bernhard Bentgens

In meiner Welt gibt's keine harten Ecken
In meiner Welt ist alles super-weich
In meiner Welt gibt's vieles zu entdecken
In meiner Welt zeigt sich nicht alles gleich

In meiner Welt ist alles wie aus Watte
Das sieht schön aus, wie Bilder von Monet
Ich glaub, dass der ne ähnliche Welt hatte
Bzw. ich sie ähnlich, wie er seh.

In meiner Welt stören dünnere Laternenmasten
Und Glastüren sind wirklich in Gefahr
Laternenmasten nachts kann ich verkraften
Das sind sie ja beleuchtet hell und klar

In meiner Welt gibt's keine harten Kanten
In meiner Welt gibt's kein scharfes Eck
Ich hab ne dicke Haut wie Elefanten
Und trotzdem hinterher 'nen blauen Fleck

Und dann kommst du und sagst ich brauch ne Brille
Und dann sagst du, mir würde was entgehn
Ich sah dich mal mit einer neuen Brille
Doch was ich sah, wollt ich nicht sehn.

In meiner Welt treff ich selten nur Bekannte
Entfernt Bekannte treff ich so gut wie nie
Erst wenn ich wieder mal in wen reinrannte
Dann merk ich seine Nähe und zwar wie.

Lass mich in meiner Welt bleib du in deiner
Das Leben ist ja doch nur Illusion
Von meiner weichen Welt weiss schliesslich keiner
Und wenn / was macht das schon?

Micky der Macker (Freunderfinder)
Text & Musik: Bernhard Bentgens

Micky ist der Macker,
den niemand richtig leiden kann.
Micky ist ein schläger,
der legt sich gleich mit jedem an.

Ich jeder Klasse gibt's nen Micky,
der ist der Bestimmer,
er ist der Boss.
Er macht den größten Blödsinn
und er produziert sich immer,
warum denn bloß?

Micky ist der Macker,
den niemand richtig leiden kann.
Micky ist ein schläger,
der legt sich gleich mit jedem an.

WEnn er auf dem Fahrrad fährt
und rempelt Mädchen an,
dann denkt er, er wär ganz groß.
Er raucht Zigarren und er fühlt sich
wie ein Mann - warum denn bloß?

Micky ist der Macker,
den niemand richtig leiden kann.
Micky ist ein schläger,
der legt sich gleich mit jedem an.

Doch eigentlich ist Micky
überhaupt kein Crack,
Micky ist ein armes Schwein.
Weil er so frech ist,
laufen ihm die Freunde weg,
er bleibt allein.

Micky ist der Macker,
den niemand richtig leiden kann.
Micky ist ein schläger,
der legt sich gleich mit jedem an.

Mit einem Lied

Text & Musik: Bernhard Bentgens

Mit einem Lied auf den Lippen durch den Tag.
Mit einem Lied auf den Lippen
Mit einem Pfeifen in den Ohren
Mit einem Lied in den Ohren, das ich mag.
Mit dem Gefühl in dem Magen :
Mir kann keiner !

Ach ihr mit euren Luxusschlitten
mit euren Mikrowellen in den Haaren.
mit euren Steuerberatern und dem Restmüll.

Mit einem Lied auf den Lippen durch den Tag.
Mit einem Lied auf den Lippen
Mit einem Pfeifen in den Ohren
Mit einem Lied in den Ohren, das ich mag.
Mit dem Gefühl in dem Magen :
Mir kann keiner !

Mit Musik wird alles supereasy
Text & Musik: Bernhard Bentgens

Das Leben ist ja manchmal nicht von Feinsten
Das Leben ist ja manchmal nur „naja"
Dann fragst du dich: „Ja, warum weinsten?"
Da war doch noch mal was, haja.
Da war doch noch mal was ganz exquisites
Das bringt mich jedes Mal wieder nach vorn
Jeder hört es, doch keiner sieht es
Es klingt wie eine Rose ohne Dorn.
Musik, wunderbar romantische Musik
Musik, fliess durch meine Adern bis ich flieg

Mit Musik wird alles super-easy
Mit Musik läuft alles wie geschmiert
Niemals gibt es noch mal so was wie sie
Mit Musik wird alles optimiert

zum Beispiel Opern - hojoto - ho
Mein Gott, die waren früher immer so
So steif und trocken und uninteressant,
bis einer dafür endlich die Musik erfand.

Zum Beispiel Tanzen – hea, hea, hea, hea
Ohne Musik Tanzen ist sehr schwea
Da hörst du nur ein Scharren und ein Zerren
Und das monotone Zählen der Herren! - Doch :

Mit Musik wird alles super-easy
Mit Musik läuft alles wie geschmiert
Niemals gibt es noch mal so was wie sie
Mit Musik wird alles optimiert

zum Beispiel Sklavenarbeit – nein, nehmen wir lieber:
Zum Beispiel MTV: - ste-re-o-phon
Stell dir das mal vor ohne den Ton !
Da gibt's nur eins, was noch schlimmer ist
und zwar der MusikantenStadel mit Ton!

Musik, du bist die Sonne, die uns wärmen kann, Mu-
sik
Für die ein Klassiker und ein Punk schwärmen kann,
Musik
Musik, du bist der Mond, der unter meiner Decke
steckt
Und jede Nacht für uns den Eros weckt.
Du bist Ramazotti für die Verdaung.
Und Hochgerüst für die Erbauung.
Hormone für die Ohren - Adrenalin für das Geblüt
Du öffnest alle Poren - Viagra für das Gemüt!

Mit Musik wird alles super-easy
Mit Musik läuft alles wie geschmiert
Niemals gibt es noch mal so was wie sie
Mit Musik wird alles optimiert

Ob die mir vielleicht auch mal was schmiert, die Mu-
sik?

Mo – nats – rück – blick

Text & Musik: Bernhard Bentgens

Mo – nats – rück – blick.

Eine Molekülkombination verdrückte sich aus dem
Blickwinkel derWissenschaft
Und vermoderte in der Nationalgalerie rücksichtslos
und blickdicht verpackt.

Monika liebt Nuts, dann hat sie einen Rücken-
kraulen-Blick,
Sie mogelt Senatsangestellte die sie verrückt ange-
blickt haben.

Mo – nats – rück – blick.

Und was war sonst noch los? Nicht viel, nicht viel.
Nur ein bißchen lifestyle: fotogen und audiophil.
Und was war sonst noch los? Nicht viel, nicht viel,
nur ein bißchen Politik und Joschka Fischer wird zu
dick.
Ausser Spesen nichts gewesen
Katastrophen – und Gewinn
Aus dem TiVi und gelesen
Was war letzten Monat drin?

Mo – nats – rück – blick.

Ein moderner Internatsschüler im rücksichtslosen
Blickpunkt der Presse

Er hieß Moosmann Ignatz und ließ Rückständigkeit
durchblicken.

Als ein Monarch mit internationaler Herkunft in den
Rückspiegel blickte
Sah er Mona Lisa Nuts essen, was ein verrückter An-
blick war.

Mo – nats – rück – blick.

Und was war sonst noch los? Nicht viel, nicht viel.
Nur ein bißchen lifestyle: fotogen und audiophil.
Und was war sonst noch los? Nicht viel, nicht viel,
nur ein bißchen Politik und Joschka Fischer wird zu
dick.
Ausser Spesen nichts gewesen
Katastrophen – und Gewinn
Aus dem TiVi und gelesen
Was war letzten Monat drin?
Mo – nats – rück – blick.

Im Motel des Kombinats wurde rückdatiertes und
blickdicht verpacktes
Moderndes Fleisch von Nationalisten rücksichtslos
blickt
Moses Benatzki wollte nach seiner Rückkehr augen-
blicklich
seine Mofa Illumination im Rückspiegel erblickten.
Des Moderators Illumination rückt in den Blickpunkt
des Interesses
Eine monumentale Stagnation erdrückte seinen Blick.

Mo – nats – rück – blick.

Und was war sonst noch los? Nicht viel, nicht viel.
Nur ein bißchen lifestyle: fotogen und audiophil.
Und was war sonst noch los? Nicht viel, nicht viel,
nur ein bißchen Politik und Joschka Fischer wird zu
dick.

Musical-Lied

So ein Lied ist viel zu klein um unsre Liebe zu be-
schreiben
wie in einer zu engen Hose mag der Speck nicht ger-
ne bleiben
er quillt heraus und passt nicht rein - darum lass ichs
besser sein,
so ein Lied ist viel zu klein.

Ich sing dir kein Lied, ich sing dir gleich ein Musical,
vielleicht kommst du zurück ganz schnell
und liebst mich gleich noch mehr.

Unser Musical spielte erst im Frühling

und dann im Winter wurd 'es kalt

kein Lied, kein Chanson, keine Arie und kein Song
ein Musical mit Tenor , Bass, Sopran und Alt.

unser Musical war lustig, unser Musical war frech
unser Musical war ewig schön mit Streichern und mit
Blech
unser Musical besang zunächst deine inneren Werte
dann die äusseren Werte und dann alles was dazwi-
schen kam kam und unsre Liebe beschwerte

ich liebte dich bei Tag ich liebte dich bei Nacht
ich liebte deine Stimme, die immer Musik macht
Ich liebte dich bekleidet, ich liebte dich auch nackt
ich liebte dich am meisten noch im ersten Akt

ich liebte dich natürlich auch im Zweiten
doch im zweiten fingen wir dann an zu streiten
ich liebte dein detail und ich liebte dich im ganzen
das drückt sich aus im Singen - doch du wolltst lieber
tanzen.

Im Musical gibt es keinen dritten

Ok, du bist nicht alt und ich bin kein Sopran
doch liebestechnisch bin ich voll im Musical-Wahn
Wir liebten uns voll opernmässig,
arientechnisch lang
vollsymphonisch, orchestral
mit klassisch sattem Klang

Nacktbaden in Europa

Text & Musik: Bernhard Bentgens

Europa, alles über einen Kamm
und jeder Stern der blinkt:
Europa, wir sitzen alle in einem Boot
und der ganze Laden sinkt:

Nackt baden in Europa
nahtlos braun in Europa
selbst Oma und selbst Opa
oben ohne unten ohne, stört in Europa nicht die Boh-
ne
Nackt baden in Europa
da machen alle mit!

Europa, alles über einen Kamm
ein Stern hat seine Stachel, ein Kreis ist weich und
rund

Plötzlich sind wir alle Nachbar
selbst, wo früher ständig Krach war.
Der Krach ist doch nich weck, was hat das denn fürn
Zweck,
das stellt sich ziemlich schwach dar!

1 Stern geht auf, 1 Stern geht baden
ich hab den Speck, wer hat die Maden?

15 Sterne hocken in dem Kreis
der Kreis ist rund, die Sterne bunt
und jeder macht sein'n Sch...

schade um das viele Geld
der Sternenkranz, das ist ein Tanz
der Kräfte auf der Welt

alle Sterne leuchten
vor Freude und vor Glück
jeder Stern
schaut nach Fern
und keiner schaut zurück
United States of Aldi
die gewinn'n auf jeden Fall, die.

Außerhalb Europas z.B in der Schweiz,
da hat nacktbaden aus vielen Gründen keinen Reiz
zu wenig Platz, zu weit zum Meer,
die Berge störn natürlich sehr:
da rollst du immer runter
und wer will das schon?

Außerhalb Europas z.B USA
da ist ein nackter Popo ein riesiger Eklat
stört die Moral, hast keine Wahl
es gibt da auch kein zweites Mal
ohne Kleidung gilt es nicht
alles muß versteckt sein

Die Sonne scheint bei Tag und Nacht zu scheinen:
bei uns in Europa
Wir sitzen alle im selben Boot

Du sagst, „Komm her!", und ich versteh nur >essen<
comer, das kommt mir spanisch vor.

Du fragst „tu veux manger?", ich sage „Oui!"

und braun sein scheint uns ideal zu scheinen:!
wenn schon Sonne, dann muß sie überall hin schei-
nen:!
Da wir alle die gleiche Meinung meinen:

Nackt baden in Europa
nahtlos braun in Europa
selbst Oma und selbst Opa
oben ohne unten ohne, stört in Europa nicht die Boh-
ne
Nackt baden in Europa
da machen alle mit!

Nähkästchen-Song

Text & Musik Bernhard: Bentgens
Dieses Lied werde ich wohl nur ein einziges Mal sin-
gen können.

schon als kleines kind liebte ich jedes geheimnis
sammle heut noch immer, egal ob's groß, ob's klein is
im kindergarten, in der schule bis zum heutigen tag,
auf der uni, in der ehe, selbst hier im zungenschlag
ich kann ein geheimnis hüten, wenn ich will -
aber ich will ja nicht

i am the whistleblower i blow my wistle now
und wenn ihr meine wissel hört,
dann wisst ihr ganz genau
das ist der whistleblower, hoffentlich ist er gut drauf
er macht mit gutem gewissel sein nähkästchen auf
wann für die wissel time is -
das bleibt mein geheimnis

ein geheimnis das ich hüte über meinen kopf
weil ich so schöne haare hab, fragt mich jeder tropf
wie heißt denn dein frisör -
u dem würd ich auch gern gehn
damit er mir die haare macht -
wie bei dir so wunderschön.
ich lüfte mein geheimnis,
dann wissen selbst die kälber
warum ich schöne haare hab:
ich schneide sie mir selber.

i am the whistleblower i blow my wistle now
und wenn ihr meine wissel hört, dann wisst ihr ganz genau
das ist der whistleblower, hoffentlich ist er gut drauf
er macht mit gutem gewissel sein nähkästchen auf

ein anderes geheimnis, das ich nicht hüten will
bei gewissem wissen, bleibt meine wissel nicht still

ihr fragt euch sicher schon immer
und ganz besonders heute
warum die so erfolgreich sind,
die zungenschlag-leute
das kann ich euch nicht sagen,
das geheimnis ist zu groß
wenn ich's das preisgebe, ist der teufel los

ich kann ja ein geheimnis wirklich gut bewahren
niemals würde jemand jemals je davon erfahren
noch nicht einmal mein publikum,
ich halte dicht wie 1000 deiche
wenn ich nicht will, kriegt's keiner raus,
nur über meine leiche
ich kann ein geheimnis hüten, wenn ich will -
aber ich will ja nicht

i am the whistleblower i blow my wistle now
und wenn ihr meine wissel hört,
dann wisst ihr ganz genau
das ist der whistleblower, hoffentlich ist er gut drauf
er macht mit gutem gewissel sein nähkästchen auf

ihr habt das nicht vergessen
mit dem zungenschlag-team
ich hätte besser nix gesagt,
das war wohl zu intim.
aber wenn ich das verrate,
seid ihr zwar sehr viel schlauer
doch sind die kollegen dann zurecht echt sauer.

ok, ich sag es. ihr dürft es aber nicht weiter sagen:
das müsst ihr mir jetzt versprechen, bzw versingen.

mitsing: ich nenn euch ross und reiter - „wir sagen's
auch nicht weiter."

die drei geheimnisse des erfolgreichen künstlers:
ich sage sie euch leis:
sind erstens: fleiß
zweitens: fleiß
und drittens: fleiß.

dieses lied werde ich wohl nur ein einziges mal sin-
gen können.

Neues Lied

Text & Musik: Bernhard Bentgens

i love you
i lost you
i'm not happy. end

i Kiss you all over
from Calais up to Dover
from the north to the south
on your cheeks and on your mouth

i kiss you all over
like a Latin lover
with me may be the force
from the east, the west and north.

i kiss you everywhere
from the bottom to your hair
from the north down to the south
on your lovely smiling mouth.

Ein neues Lied das keiner will
Ein neues Lied bleibt besser still
Keiner will es hören
Keinen würd es stören
Wenn es gar nicht wär
So neu und unerhört

Oh wie ist es schön
ein altes Lied zu hörn
Ein neues Lied dagegen

das hat es immer schwer.

ganz unnötig entstand es
Es bringt nur unbekanntes
Stattdessen ein bekanntes
Das wollen alle mehr

Warum sollen wir bei einem neuen Lied denn über-
haupt zu hören?
Nur das was wir schon kennen,
kann uns auch betören.

Ein neues Lied wird alt
Wenn's durch die Ohren schallt
Ein Lied braucht keine Jahre
kriegt keine grauen Haare
Ein neues Lied aus vollem Rohr
Solch ein Lied das wurmt dein Ohr.

Neue Lieder im Radio werden ab gedreht

In neuen Liedern sucht man das bekannte
Wenigstens aber das was man schon ahnte

Wir wollen doch auch sonst
immer nur das hören was wir kennen
Vor neuen liedern kann man nicht wegrennen

Irgendwann war jedes Lied mal neu
Da trennt sich schnell der Weizen von dem Spreu
Egal ob nach einem Jahr oder zwanzig
Selbst Evergreene klingen einmal ranzig

Neu und alt
Wach und müd
Warm und kalt
Nord und Süd

Alt und neu
Hier wie dort
Dumm und treu
Süd und Nord.

Alte Lieder werden neu, wenn sie einer covered
Dann wird in alte Lieder sich wieder neu verlovered.

Nicht aus Büchern
Text und Musik Bernhard Bentgens

Du hast all dein Wissen nur aus Büchern
und alles was du weisst, weisst du genau
dein Wissensstand ist zwar in trocknen Tüchern
doch Theorie ist grau und du nur schlau

Du bist ein Dippelesschisser und neunmal Schlau
und alles was du weisst, das weisst du ganz, ganz
ganz genau
doch du nervst alle um dich rum
denn die Anderen sind für dich nur einfach dumm

Doch es gibt Dinge, die lernst du nicht aus Büchern
es gibt Dinge, die lernst du nur in echt
unter Decken oder unter Tüchern
und das sind Dinge die ich gerne lernen möcht

Im Buch da liest sich alles ganz toll
doch im Buch erlebst du es ja nicht
im Buch machst du dir nicht die Hosen voll
und selbst wenn, im Buch riechst du es nicht

Im Buch ist das ja nur eine Geschichte
beim Lesen kannst du Schokolade verschmiern
und wenn du willst, dann hörst du einfach auf
und alles tangiert nur dein Gehirn

Ja es gibt Dinge, die lernst du nicht aus Büchern
es gibt Dinge, die lernst du nur in echt
unter Decken oder unter Tüchern
und das sind Dinge die ich gerne lernen möcht

zB: Der erste Kuss - ist Genuss - obwohl man Spucke schmecken muss
Im Buch wird das vielleicht ganz schön beschrieben doch lernen tust dus nur beim richtigen Lieben. Zwischenspiel

zB: Einradfahrn lernst du sicher nur - ohne Hilfe der Literatur
das Buch beschreibt vielleicht den freien Fall
doch den Aufprall spürst du sicher überall.
Im Buch wird das vielleicht ganz schön beschrieben
doch lernen tust du's nur beim richtgen Üben.

Ja es gibt Dinge, die lernst du nicht aus Büchern
es gibt Dinge, die lernst du nur real
unter Schmerzen mit Bandagen und Tüchern
und diese Dinge lernen das ist genial.

Nur das mit dir, das blick ich einfach nicht
Text & Musik: Bernhard Bentgens

Ich hab mein' Führerschein geschafft mit 20 Stunden
ich hab die Penne durchgestanden bis zum Schluß
Ich hab mein Studium alleine überwunden
alles freiwillig, nicht weil ich muß.

Ich hab die Fußballregeln kapiert bis auf das Abseits
ich hab den Rettungsschwimmer vom DLRG
ich halt Airobik aus, wenn ich nur richtig anheiz
und pierce mich, das tut mir nicht mal weh.

Ich schaff' die Waschmaschine und sogar den Trock-
ner
Ich halt seit Tagen mein Idealgewicht
Ich weiß den Unterschied von Jungfrau und
Großglockner
Nur das mit dir, das blick ich einfach nicht.

Ich weiß, warum die Menschen sich bekriegen
Warum sie ängstlich sind und auch wovor
Ich weiß, daß immer nur die andren siegen
Ich renn vor ihnen weg und halt mich raus

Ich kenne die Quotienten von Intelligenzen
Ich weiß, wie klug ein Mensch ist und wie dumm
Ich stosse oft an alle meine Grenzen
Und weiß warum Bananen gelb und krumm

Ich weiß genau, wie man einen Text schreibt
Wodurch er gut wird und warum manchmal nicht

Ich weiß, warum's der Bauer mit der Magd treibt
Nur das mit dir, das blick ich einfach nicht.

Bridge:
Warum siehst du mich / nicht wenigstens mal an
Dann weißt du wenigstens, daß ich da bin

Vielleicht bist du ja lesbisch
Oder'n bißchen ignorant
Vielleicht bist du ja glücklich
Mit einem andren Mann
Das weiß ich nicht, ich will's auch gar nicht wissen

Oben oder unten

Wenn ich oben bin, dann bin ich super drauf
wenn ich unten bin – nicht

Wenn ich oben bin, dann geht's mir gut dabei
wenn ich unten bin – nicht
Wenn ich oben bin, dann macht das Leben spass
wenn ich unten bin – nicht
Wenn ich oben bin, dann geb ich richtig Gas
wenn ich unten bin – nicht

warum sollt' ich also lieber unten sein?
warum sollt' ich jemals sowas tun?
Warum sollt' ich gerne schlechter Laune sein?
warum sollt' ich jemals sowas tun?

Opfer oben sind, opfer unten sind,
opfer abhängig von anderen sind,
das suchen wir selber aus

Zu Opfern machen wir uns selber, als Opfer werdn
wir nicht geboren
Opfer wollen oder nicht.

Du meinst du wärst ein Opfer? Ein Opfer deiner
Ängste?
Ein Opfer deiner Feinde, deiner Sorgen? Denkste!

Du meinst die Anderen machen dich fertig, zum
dumpfen Sprücheklopfer?

Du meinst, die Andern bringen dich runter, zum
schwarzen Löcherstopfer
die anderen machen dich zum trüben Tropfer? Du
armes armes Opfer!

Opfer oben sind, opfer unten sind,
opfer abhängig von anderen sind,
das suchen wir selber aus.

Jetzt üben wir das mal: Oben oder unten? (Oben!)

Wenn alle andern unten sind, dann schwimme gegen
den Strom
entscheid dich für den Auftrieb: alle Wege führn nach
Om! (Ohm)

Och, hör doch auf ey!

Text & Musik: Bernhard Bentgens

Jeden Tag / und jede Nacht
und jeden Morgen wieder sagst du mir, wat dir nicht
passt.
die Arbeit stinkt, dat findst du blöd, dat Wetter wär ne
Zumutung, und dat du dat alles hasst.

Alles klemmt, alles nervt dich, alles ist zu teuer, alles
ist nicht gut genug.
Jeder spinnt und jeder nerv dich. Alle Leute lügen
nur, s'ist alles nur Betrug.

Och, hör doch auf ey, hör doch auf.
Dat glaubse doch wohl selber nich, hör auf
dat hälze doch im Kopp nich aus,
och hör doch auf ey, och hör doch auf.

An einem Tag ist alles anders,
du sagst, du bist so froh,
daß du so jemand wie mich kennst.
Du findst mich toll, du findst mich stark,
du sagst, daß du mich lieb hast
und dat du gerne mit mir pennst.

Och, hör doch auf ey, hör doch auf.
Dat glaubse doch wohl selber nich, hör auf
dat hälze doch im Kopp nich aus,
och hör doch auf ey, och hör doch auf.

Du meinst, ich wär,
dein Teddybär,
so groß und schön und stark,
und so kuschelig ganz super.
Du meinst, ich bin
trotzdem noch dünn,
grad so wie du es magst, nicht wie die andern Ho-
senpuper.

Du meinst, ich wär
ja noch viel mehr,
viel toller noch, als so ein androgynes Zotteltier
ich mach dich an,
wie sonst kein Mann,
bin der perfekte Lover und spiel dazu noch gut Kla-
vier.

Och, hör doch auf ey, hör doch auf.
Dat glaubse doch wohl selber nich, hör auf
dat hälze doch im Kopp nich aus,
och hör doch auf ey, och hör doch auf.

Du bist so froh,
und freust dich so,
daß du mit mir zusammen bist,
du kannst mich so gut leiden
du findst ich wär,
so singulär,
so dramatisch intellektuell
und trotzdem noch so bescheiden.

Ich sei so cool,

ein Großmogul
ein Magier der Sinne,
ein Poet der Leidenschaft
ich küss so gut,
wie gut das tut,
bin so beständig feurig:
ein Vulkan der Manneskraft.

Och hör doch auf ey, och …..

wat sollen denn die Leute von mir denken,
dat freut mich natürlich, dat du so denks
aber ich ein Magier der Sinne? Obwohl ?
Irgendwie…

und ich wär ein Poet der Leidenschaft ?
Jou, da is schon wat dran...
aber mit der Manneskraft, also, du bist ja vielleicht
eine. Aber et stimmt natürlich

Hör jetzt nicht auf ey, du hast ja recht
ich find, du hass ja recht von A bis Zett
und was ich noch zu sagen hätt:
Ich find dich auch irgendwie ganz NETT.

Hallo Zukunft

Text & Musik: Bernhard Bentgens

Oh, dear Future

Vorn paar Tagen mal, als ich das Haus verlasse
Da denk ich noch, wie schön ist diese Welt.
Und plötzlich treffe ich unten auf der Straße
Eine Frau, die mir sehr gut gefällt.

The other day, when I left home in the morning
I thought: ‚How nice this world ’and all the rest and such.
Pacing down the streets that’s when I saw her
This apparition who I liked very much.

Ich lauf ihr nach und denk nur an das eine
wie sprech ich diese Frau am besten an.
Da rutsch ich aus und brech mir beide Beine
im Krankenwagen merke ich es dann :

I follow her thinking 'bout just one thing:
How would I talk to her so that she’d find me nice?
But then I slip, my collar bone gets broken
in the ambulance I come to realize:

Hallo Zukunft, du sahst auch schon mal besser aus
Hallo Zukunft, jetzt halte doch mal still.
Hallo Zukunft, ich weiß von dir ja nix genau's
Ich weiß nur, daß du nie so bist, wie ich will.

Hello future, you just don't look so good to me
Oh dear future, sit still and let me see.

Oh dear future, I can't know all your specialty
But I have learned, your not what I'd like you to be.

Im Krankenhaus komm ich gleich unter's Messer
Doch die Schwester, die mich plagt, ist mir bekannt
Als ich sie seh, da geht es mir gleich besser,
Weil sie es war, ihr bin ich nachgerannt.

In hosptial the knife for me's been whetted
But the nurse in charge I know so well by heart
As I see her I begin to feel much better
Because it's her I tried to follow from the start

Als erstes gesteh ich ihr meine Liebe
und dann küß ich sie, das hat sie wohl erregt.
Sie rennt panisch raus und schreit um Hilfe
Etwas später da werd ich dann verlegt.

To introduce myself I confess my deep love for her
And then I kiss her, what excellent a start!!
She gets excited, runs away and calls a helper
A little later I'm on a different ward.

Hallo Zukunft, du sahst auch schon mal besser aus
Hallo Zukunft, jetzt halte doch mal still.
Hallo Zukunft, ich weiß von dir ja nix genau's
Ich weiß nur, daß du nie so bist, wie ich will.

Oh, dear future, you took the chance for prospects once
Oh dear future, sit still and let me see.

400

Oh dear future, I can't know all your games and funs
But I have learned, your not what I'd like you to be.

Seitdem trage ich ne ganz moderne Jacke
die hinten schließt, die Ärmel sind zu lang
die neue Schwester ist ein Mann mit Macke
dieser Pfleger hasst mich, oh mir ist so bang.

Since then I wear one of those modern jackets
With buttons at the back, the arms too long.
My new nurse is a man and seems real crooked
He truly hates me, oh, what have I done?

Grade eben kommt der Pfleger mit ner Spritze
jagt mir das Ding in meinen Unterbau
auf meine Fragen macht er schlechte Witze
die Frau, die ich geküßt, sei seine Frau.

And here he comes with my next injection
He does not spare me it almost cost my life
And when I ask him there's just one reaction
he claims the nurse I kissed - she was his wife.

Oh, grosse Kunst

Text & Musik: Bernhard Bentgens

Oh, grosse Kunst,
wie hold bist du mir?
Oh, grosse Kunst,
wie klein ist dein Lohn?

Wie lebt man davon?

Ich schreibe eine 3 stündige Oper mit allem,
was dazu gehört mit Riesenorchester
Wer führt sie mir auf?
Wer lässt sie erklingen?
Gibts nur Geläster?

Wie packe ich den Inhalt
in einen 3 minütigen-Video-Clip?
Ohne das ich wichtiges vergesse?
Wer singt die Premiere?
Wer schmiert die Presse?
Und wer bezahlt meine Miete?

Oh grosse Kunst,
wie kleinlich bist du zu deinem Liebhaber?
Wie schnell lässt du mich wieder fallen?

Da ist das mit der Kleinkunst schon viel leichter,
ja, mit der Kleinkunst,
da erreicht der
Künstler mehr

und ist witziger,
Kleinkunst ist irgendwie
spritziger.
Die ist halt nicht so teuer
Und kostet keine Steuer
Und son Kleinkunst-Lied das spielt man auf Klavier
und das dauert drei Minuten oder vier (und nicht 3
Stunden!)

Oh, grosse Kunst,
wie klein ist deine Akzeptanz
Eher geht ein Kamel mit einer Nadel durch ein Ohr
Als dein Anspruch aus einen leicht verständlichen
Satz hervor.
Oh grosse Kunst, dein Sinn ist oft so kryptisch
oh, Sinn ä gyb disch.
Tralalala la, l'art pour l'art

Tralalala la, bla pour bla.
Ich schreibe eine Oper und schon im zweiten Takt
meint die Muse statt küssen
mich (für ganze 2 Jahre) verlassen zu müssen.
Oh grosse Kunst,
wie karg ist dein Lohn?
Wie bitter dein Hohn?

Ja, da ist das mit der Kleinkunst aktueller
Ja die Kleinkunst ist da schneller
Wieder ab von dem Thema und
zack an nem anderen Thema dran, zum Beispiel:
KleinKunst ist nicht teuer
Und kostet keine Steuer

Der Sitzplatz nicht mit ein paar tausend Mark subventioniert
sondern besetzt und wochenlang im voraus reserviert.
Da ist das mit der Kleinkunst schon genialer
Sie ist direkter, konkret emotionaler

Oh grosse Kunst,
welch überhöhtes Glücke
Wenn ich dir meine Liebe ausdrücke.
Dann bist du so modern

Mein Herz sehnt sich so gern
beim Sehnen schöne Töne störn

und das will leider keiner hörn (Cluster)

Da ist das mit der Kleinkunst schon ne Gross-Tat
Zum Beispiel Kleinkunst
in der Großstadt
Kleinkunst wächst und sie mausert sich
Kleinkunst verzaubert dich, knausert nicht,
sie ist halt nicht so teuer
und kostet keine Steuer
Der Sitzplatz nicht mit ein paar tausend Mark subventioniert
sondern besetzt und wochenlang im voraus reserviert.
Trotzdem ist das mit der Kleinkunst nicht rentabel
Es verhält sich „groß" zu „klein" wie Kain zu Abel.

Die grosse Kunst währt ewiglcih
Die kleine nur ein wenig
Ich muss mich nicht entscheiden:

Ich mach es grad mit beiden.

Original gefühlt

Text & Musik: Bernhard Bentgens

wenn ich dir ein lied sing
damit du weißt
dass ich in dich verliebt bin,
dann klingt das vielleicht
für dich ein bisschen kitschig
ein bisschen zu fein
na, eben ein bisschen peinlich.
du weißt schon was ich mein.

wenn ich dir ein lied schreib
damit du weißt
dass ich immer bei dir bleib,
dann klingt das vielleicht
für dich ein bisschen kitschig
ein bisschen fast obszön
na, eben ein bisschen peinlich.
du weißt schon: viel zu schön.

genau so fühlt's sich an -
genau so -
das ist voll original -
genau so fühlt's sich an
wenn ich dir im Lied sing
ich lieb dich
dass ich überglücklich bin
verurteile mich nicht
du bist mein MuschelBär
genauso wie du bist
ich finds selber ein bißchen peinlich

doch es ist halt wie es ist

genau so fühlt's sich an -
genau so fühlt's sich an -
genau so fühlt's sich an

dieses gefühl ist original
alles andere ist nicht soo wichtig
alles andere ist suboptimal
dieses Gefühl ist einzig richtig

genau so fühlt's sich an -
genau so -
das ist voll original -
genau so fühlt's sich an

wenn du dann mein Lied hörst
und es ist dir peinlich
und du dich an dem kitsch störst
oder am MuschelBär, sei nicht so kleinlich
originalgefühlt ohne kitschfilter

genau so fühlt's sich an - genau so - das ist voll original - genau so.

Papa, wenn du wüsstest

Text & Musik: Bernhard Bentgens

Papa, wenn du wüßtest,
wie du mir damals weh getan.
Papa, ich glaub, du müßtest,
dafür noch irgendwie bezahln.

Papa, ich weiß heut auch nicht,
warum ich gerade dich ausgesucht,
ich glaub, ich wollte nur die Mama,
und die hatt'st du halt grad gebucht.

Ich glaub, ich wollte, daß du mich so liebst wie sie,
das war ganz augenfällig.
Zum kuscheln wie ein Teddy, zum knutschen,
wie ein Elich.

Papa, du gabst dein Hirn ab
an diese Kannibalen, das ist sowas fieses,
die essen tatsächlich das Fleisch und trinken von Blut
von ihrem Jesus.
Papa, du wußtest doch immer alles
und alles besser als alle andern
warum hast du denn nicht gemerkt,
die habn ein OsterEi am wandern.

Papa, das ist das einzige,
wo du noch wie so ein Kind bist,
du glaubst mit deinem KleinKinderGlauben auch heu-
te noch den ganzen Mist.

Papa, hab dich doch so lieb gehabt,
und du hast davon gar nichts gemerkt?
Papa, hab dich doch so lieb gehabt,
und du hast davon gar nichts gemerkt?

Papa, wenn du wüßtest, ich hatte vor dir RiesenAngst
Papa, das war wohl genauso, wenn du vor deinem
Papa standst.

Papa, hast mich geschlagen,
nicht oft, doch oft genug,
Papa, das war unsre Freundschaft,
die ging dabei zu Bruch.

Papa, wir zwei, wir hätten die dicksten Kumpel wer-
den können,
ich hätt sogar mitgespielt auf deiner Eisenbahn,
wenn du nicht so blöd wärst.
Papa,ich wär sogar mitgefahren
wenn du deinen BMW fährst.

Papa, du warst der Größte,
Papa du warst für mich ein Gott, ein Supermann,
Flipper und Daktari in einer Person
und heute, bist du ein alter Esel,
ein Trottel, den ich lieber schon'.

Papa, hab dich doch so lieb gehabt,
und du hast davon gar nichts gemerkt?
Papa, hab dich doch so lieb gehabt,
und du hast davon gar nichts gemerkt?
Papa, darf ich bitten,

ich möcht jetzt mit dir tanzen.
Aber laß mich bitte führen:

ZwischenSpiel

Papa, wenn du wüßtest,
wie du dir damals weh getan.
Papa, ich glaub, du müßtest,
dafür noch irgendwie bezahln.

Paul Maar-G'nuss

Text und Musik: Bernhard Bentgens

Paul, das kommt von Paulus
Und Paulus heißt „der Kleine"
Wenn Paul also „der Kleine" hieß
Dann stimmte das schon eine

Kurze Weile. Lange Weile
Hat er nicht gekannt,
er wuchs ja, wurde größer
wurd immer noch Paul genannt

Er hat sich wohl gefühlt als Paul
Und wurde erst mal Lehrer
Doch merkte er dann ziemlich bald:
„Das Leben ist ja voller

Geschichten, die ich schreiben muss
Da ist ja Stoff genuch!"
So kamen wir in den Genuss
Von manchem schönen Buch.

Die Bücher habn ihn groß gemacht
Sein Name passt nicht mehr.
Da muss jetzt mal als erstes
ein neuer Name her.

Paul sollte „der Große" heißen
Der Große heißt ja: „Magnus"
Und schliesslich bringt uns jedes Buch
Von Paul Maar - Genuss

Reich den Preis / Paul Maar G'nuss

Quatsch keine Oper

Text & Musik: Bernhard Bentgens

Dum di dum did dum,
red' nicht lange rum
sing doch einfach mit:
Quatsch' keine Oper!

Viele Leute quatschen
dir die Ohren voll
was wirklich keiner hören will.
Diese Leute reden
oft den ganzen Tag
und sagen dabei gar nicht viel!

Dum di dum did dum,
red' nicht lange rum
sing doch einfach mit:
Quatsch' keine Oper!

Rausch

Text & Musik: Bernhard Bentgens

Tu mir weh, dann spür ich daß ich da bin:
ich bin in meinem Leben mittendrin
Tu mir weh, dann spür ich, daß du da bist.
Dann spür ich wie das Leben in uns fließt:
und das ist laut, unter der Haut,
das ist ein Rausch, unter der Haut.

Kratz mich, beiß mich, tu mir weh! / Beiß mich in den
dicken Zeh!
Kratz mich, beiß mich wie ein Tier! / damit ich den
Verstand verlier!

Als ich dich fand, da war ich gleich hinüber
und dein Kratzen gab dem Leben einen Sinn.
Früher war mein Blick wohl etwas trüber
heute seh ich ganz klar wo ich bin:

Ich bin am Ziel, wenn du mich beißt.
also beiß mich, ja du weißt schon, was das heißt.
Ich will nur dich, will immer mehr
und was du da machst, gefällt mir sehr:
Tu mir weh, dann spür ich, daß du da bist.
Dann spür ich wie das Leben in uns fließt:
und das ist laut, unter der Haut,
das ist ein Rausch, unter der Haut.

Kratz mich, beiß mich, tu mir weh! / Beiß mich in den dicken Zeh!
Kratz mich, beiß mich wie ein Tier! / damit ich den Verstand verlier!

Und jetzt kommst du und willst noch mehr.
bisher war's dir zu leicht, jetzt willst du schwer.
Früher wußt ich gar nicht, wie das ist.
Heute seh ich ganz klar, wo du bist:

Du bist am Ziel, wenn du mich quälst
also quäl mich so, wie du's für richtig hältst:
Beiß mich in mein Wadenbein
beiß mich in den Bauch
beiß nur richtig fest hinein
und dann beiß ich dich auch.
Kratz mich, beiß mich zum Erguss
zu nem richtig schönen Bluterguss.
Kratz mich, oh, was mach ich bloß?
Halt mich fest, ich lass mich los!

Tu mir weh, dann spür ich, daß du da bist.
Dann spür ich wie das Leben in uns fließt:
und das ist laut!

Rein und raus

Text & Musik: Bernhard Bentgens

Rein und raus, raus und rein.
Da kann doch gar nichts schöner sein.
Rein und raus, raus und rein,
mir fällt nichts schönres ein.

Ich kann mich gar nicht entscheiden
Ich weiß nicht, wo soll ich bleiben.
Ich weiß nicht, wo ich lieber bin,
lieber draußen oder drin,
ich weiß nicht, wo soll ich jetzt hin
ich weiß nur, hier will ich nicht bleiben.

Rein und raus, raus und rein.
Das kann doch nicht so schwierig sein.
Rein und raus, raus und rein,
mir fällt nichts schönres ein.

Das braucht doch jeder jeden Tag
selbst, wenn er sagt, daß er nicht mag.
Er geht kaputt, wenn er's nicht kann.

Und wenn du's kannst, dann sei nur froh,
dann machst du's immer sowieso
die ganze Nacht, den ganzen Tag.

Rein und raus, raus und rein.
Da kann doch gar nichts schöner sein.
Rein und raus, raus und rein,
mir fällt nichts schönres ein.

Wenn's einer nicht kann, ach du Schreck
dann ist er bald vom Fenster weg
ohne das hält's keiner aus.

Aber ihr, ihr könnt es alle ja,
sonst wärt ihr alle ja nicht da.
Ihr macht es jetzt und hier...
ich spiel dazu Klavier: Rein + raus...

Schon damals bei deiner Geburt
seitdem dein kleiner Motor schnurrt
da gab dir einer einen Klaps

Seitdem fingst du zu atmen an
und tust es heut noch immer dann,
wenn du nach Luft zum leben schnappst.

Die Luft geht
rein und raus, raus und rein.
Da kann doch gar nichts schöner sein.
Rein und raus, raus und rein,
mir fällt nichts schönres ein.

Doch, doch mir fällt noch was schönres ein
wie konnt ich so vergeßlich sein.
Da geht`s auch immer rein und raus
Darüber sing'n wär nicht gescheit
denn dafür brauchst du richtig Zeit

nicht nur mal eben rein und raus.

S'wär schade

Text & Musik: Bernhard Bentgens

Gerade als ich dachte, jetzt ist alles vorbei
Gerade als ich dachte, es ist aus mit uns zwei
plötzlich alles neu
plötzlich alles anders
da geht die Sonne auf,
die hätten wir sonst nicht gesehn. das wär schade....

Früher war ich neun Monate drin in 'ner Frau.
Da gings mir gut, das war perfekt,
wollt niemals da raus, s'wär schade
doch wär ich da nicht rausgekommen, dann wärn wir
zwei gestorben
das wär doch wirklich schade, richtig schade um uns
zwei.

Gerade als ich dachte , jetzt ist alles vorbei
Gerade als ich dachte, es ist aus mit uns zwei
plötzlich alles neu
plötzlich alles anders
da geht die Sonne auf,
die hätten wir sonst nicht gesehn. das wär schade....

Du bist nicht die richtige Frau für mich
und ich bin nicht der richtige Mann
das weißt du längst ganz genau für dich,
das fühlt sich halt nur Scheiße an.
Sehr Scheiß(b)e, sehr schade!

Früher war ich neun Monate drin in 'ner Frau.
Da gings mir gut, das war perfekt, wollt niemals da raus, s'wär schade.
doch wär ich da nicht rausgekommen, dann wärn wir zwei gestorben
das wär doch wirklich schade, richtig schade um uns zwei. Gerade als ich dachte , jetzt ist alles vorbei
Gerade als ich dachte, es ist aus mit uns zwei
plötzlich alles neu
plötzlich alles anders
da geht die Sonne auf,
die hätten wir sonst nicht gesehn. das wär schade....

Galina Schatalova

Text & Musik: Bernhard Bentgens

Es gibt eine Frau auf dieser Welt, die hat mein Leben
so umgeschmissen
Wie das vor ihr keine Frau geschafft hat
Sie hat meinen ganzen Stoffwechsel über den Hau-
fen geworfen
Und sie macht mich jeden Tag überglücklich
Das beste ist: Seitdem ich sie kenne, bin ich vollstän-
dig gesund!

Wir fressen uns zu Tode
Fressen ist in Mode
Haute cuisine und bas (baba)

Du machst mich zum Orthorektiker
(das ist ganz neu und heisst krankhafter Gesundes-
ser)

s

In meinem sündigen Traum
Essen wir von einem Baum
An dem hängt Schwarzwälder Kirsch
Ich schiebs dir in den Mund
In deinen gierigen (russischen) Schlund
Kartoffeln und Ragout vom Hirsch

Oh Kartoffeln, ihr Knollen
Was wir von euch wollen
Ihr seligen Nachtschattengewächse

Wir wollen euch gratinieren
Pürrieren, und Frittieren
Ich und meine hungrige Hexe

Unsre Lust ist extrem fleischlich
Wir essen das Fleisch reichlich
Und gleichzeitig Kohlehydrate
Wurst und Wurstsalate.

Schlechte Laune

Text & Musik: Bernhard Bentgens

Wenn ich mal so richtig schlechte Laune hab
komm mir nicht zu nah, bleib lieber weg
das könnte furchtbar werden,
denn dann sag ich Worte,
die ich sonst nur zu Fäkalien sage,
damit mach ich meiner schlechten Laune Luft.

Wenn ich mal so richtig schlechte Laune hab,
komm mir nicht zu nah, bleib besser weg
oh, ja !
lass mich bloss in Ruh mit deinem Dreckzeugs
und helfen wollen, das hat keinen Zweck.

Wenn ich mal so richtig schlechte Laune hab
dann stürz ich mich in Arbeit bis ich Kopfweh hab:
Das ganze Leben ist ein Aspirin
und jeder Tag ne bittre Medizin.

Wenn ich mal so richtig schlechter Laune bin
dann kann ich machen,was ich will, dann haut mir gar
nix hin:
Das ganze Leben hat dann keinen Wert
und alles kotzt mich an und läuft verkehrt.

Wenn ich mal so richtig schlechte Laune hab
komm mir nicht zu nah, bleib lieber weg
das könnte furchtbar werden,
denn dann sag ich Worte,
die ich sonst nur zu Fäkalien sage,

damit mach ich meiner schlechten Laune Luft.

Wenn ich mal so richtig schlechte Laune hab,
dann ess ich Schokoladentafeln bis ich Bauchweh
hab:
Das ganze Leben ist ein braune Brei,
ganz eklig pampig voll mit Völlerei.

Wenn ich mal so richtig schlechter Laune bin
dann schreib ich Reime, die nicht reimen und auch
sonst irgendwie nicht passen
und viel zu lang sind
Das ganze Leben ist ein Karussell:
Viel zu kurz zu teuer und zu schnell:

Wenn ich mal so richtig schlechte Laune hab
komm mir nicht zu nah, bleib lieber weg
das könnte furchtbar werden,
denn dann sag ich Worte,
die ich sonst nur zu Fäkalien sage,
damit mach ich meiner schlechten Laune Luft.

Se King of se Road

Text & Musik: Bernhard Bentgens

I am se king of se road,
bei mir is alles im Lot
weil jeder sehen kann,
dat ich den allergrößten hab.
I am se king of se road
und ich halt nich bei Rot
dat könn die andern tun,
dafür hab ich kein' Zeit.

Meine Freundin die ist Tschechin und heißt Ruth.
Dat ich immer unterwegs bin, findt die gut!
Kurz nache Grenze gipzen Stau und dann treff ich
diese Frau
nur eine Stunde kann ich bleim - denn unterwegs bin
ich daheim

Ich muß doch weiter, muß immer weiter
un aufem Rastplatz bei de Rita, tank ich schnell noch
1000 Lita
un fahr weiter. Ich bin auch breiter
und bin viel höher als der Rest, drum stell ich immer
wieder fest:

I am se king of se road,
bei mir is alles im Lot
weil jeder sehen kann,
dat ich den allergrößten hab.
I am se king of se road
und ich halt nich bei Rot

dat könn die andern tun,
dafür hab ich kein' Zeit.

Ich quäl meine Brummi, geb orntlich Gummi
Dann fahr ich schneller als der Schummi
bin mein eigner KräschTestDummi
Hier ne kleine Beule- da ein kleiner Ranzer
Die Marke von mein Brummi baut auch heut noch
gute Panzer

Ich hab nen guten Kumpel,
der heißt Kurt.
Der Kurt der fährt den gleichen
nur mit Gurt.
Doch Kurt hat einen Hänger,
damit is seiner n bisken länger
getz is meiner n bisken kürzer - als Kurt's:

brummbrummbrumm…

I am se king of se road,
bei mir is alles im Lot
weil jeder sehen kann,
dat ich den allergrößten hab.
I am se king of se road
und ich halt nich bei Rot
dat könn die andern tun,
dafür hab ich kein' Zeit.

Sei behutsam

Text & Musik: Bernhard Bentgens

Die Leute, die dich immer stören
die bringen dich um den Verstand
die Menschen, die dir nie zuhören,
da rennst du voll gegen die Wand
so viele Leut sind unsensibel, rücksichtslos
und gehn dir auf die Nerven,
sie machen das mit allen, die sich nicht wehren
lass dir das nicht gefallen:

Sei behutsam und kämpfe um dein Glück,
sei behutsam.

Probleme die dich dämpfen
da mußt du gegen kämpfen
denn das macht normalerweise kein andrer für dich.

Dinge, die dich stören
da mußt du dich gegen wehren
wenn du's nicht machst, wer soll es denn tun?
Sei behutsam.

Du mußt nicht hetzen, stolpern, laufen
du rennst nur selbst dich übern Haufen.
Die Welt dreht schnell, dreht laut und grell
sich um die eigne Achse
du drehst dich mit auf Schritt und Tritt
du mußt nichts tun, fahr einfach mit
und lass dir Zeit und wachse!

Da steckt noch so viel in dir drin:
Lass es raus!!

Sei behutsam und kämpfe um dein Glück,
sei behutsam.

Die, die dich beneiden
die sollst du besser meiden
die nehmen dir nur Energie,
da bleibt gar nichts für dich.

Viele Menschen brauchen dich
nur um sich zu beweisen.

Sei behutsam und kämpfe um dein Glück,
sei behutsam.
Geht's dir gut dann dann bringst du andern Glück,
sei behutsam.

Setze etwas in Bewegung, zuallererst dich selbst
bringe etwas ein und auf den Weg
bleib nicht nur in der Überlegung,
notfalls geh eben selbst
geht's nicht grade, dann geht's eben schräg!
Stillstand ist ein Schritt zurück
Bleib bloss nicht stehen, gehe immer weiter:
Du hast keine Wahl ob du gehst oder stehst,
nur wohin du gehst,
kannst du entscheiden zum Glück.
Also entwickel dich, entpuppe dich,
wachse in den Himmel in die Erde
notfalls über dich hinaus...

Greife nicht nach etwas fernem
nach endlos weiten Sternen.
Greife nach dem Nächsten.
Wo willst du denn hin?

Sei behutsam und kämpfe um dein Glück,
sei behutsam.
Diese Menschen brauchst du eben nicht.
Nimm dir dein Glück!
Da steckt noch so viel in dir drin:
Lass es raus!

Sei doch kein Frosch

für Hector
Text & Musik: Bernhard Bentgens

Meine Mutter hat zu mir immer gesagt,
sei doch kein Frosch,
ich hab das damals nicht verstanden,
was sie meint.
Meine Mutter hat genau gewußt,
wie das so kommen muß,
und jetzt kommst du daher
und hast mich in der Hand.

Schmeiß mich an die Wand,
vielleicht bin ich dein Prinz,
du hast mich nicht erkannt.
Vielleicht bin ich ein Frosch, d
ann schmeiß mich lieber in den Froschteich
als Froschlaich.

Gib mir einen Kuß,
dann wirst du sehen,
was dein Schicksal bringen muß:
Prinz oder Frosch?
Schmeiß mich an die Wand,
vielleicht bin ich ja doch dein Prinz.

Schmeiß mich richtig stark!
Ich will ja selber, daß es aufhört mit dem QUAK!?
Grün sein ist zwar schön,
und Fliegen mit der Zunge - ehrlich, das ist herrlich.

Doch küß mich nicht so fest,
tu mir nicht weh, der 1. Kuss ist nur ein Test:
Bin ich dein Frosch?
Schmeiß mich an die Wand,
vielleicht bin ich ja doch dein Prinz.

Selbst der allerschönste Prinz ist manchmal eklig.
Selbst der schönste Prinz riecht manchmal aus der
Gosch.
Selbst beim allerschönsten Prinzen ist es möglich,
daß er nicht so toll ist, wie so'n richtig toller Frosch.

Meine Mutter hat zu mir immer gesagt,
sei doch kein Frosch,
und jetzt kommst du daher
und schmeißt mich an die Wand:

Bin ich dann kein Prinz,
dann liegt das nicht an mir,
ich weiß genau, ich bin's.
Du bist es dann nicht,
bist nicht die richtige Prinzess'n,
das kannst vergess'n.

Bist du etwa die, die hinter Dornen schläft,
oder bist du die, die auf Erbsen schläft,
oder bist du die, die mit den 7 Zwergen...

Das ist mir zuviel,
da bleib ich lieber Frosch und küsse, wen ich will.
(Vielleicht die Froschkönigin.)
Gib mir eine Kuß,

ich bleibe Frosch und damit Schluß!

Selbst der allerschönste Prinz ist manchmal eklig.
Selbst der schönste Prinz riecht manchmal aus der
Gosch.
Selbst beim allerschönsten Prinzen ist es möglich,
daß er nicht so toll ist, wie so'n richtig toller Frosch.

Sie ist dick

Text & Musik: Bernhard Bentgens

Sie ist dick,

ok,
aber gemütlich
Sie ist vollschlank,
ok
aber echt geil
Der Hintern breit

ok
aber beweglich
Sie macht mich total an mit ihrem Teil

Sie wirft nen grossen Schatten, doch der fällt nicht ins
Gewicht
Denn da wo viel Schatten
da ist auch viel Licht
Bei ihr ist wirklich viel Licht
so helle wie sie klingt
Ich lieb sie,

weil sie Sonne in mein Leben bringt.

Es gefällt mir jedenfalls

Wenn ich auf ihren Body klopf'
Einen Rhythmus, den ich wirklich gut verstehe
Ich kraule sie am Hals

Dann verdreht sie mir den Kopf
Weil ich ihr jeden Wirbel einzeln verdrehe

Sie ist dick,

ok,
aber gemütlich
Sie ist vollschlank,
ok
aber echt geil
Der Hintern breit

ok
aber beweglich
Sie macht mich total an mit ihrem Teil

Ich hab mir eine neue Gitarre gekauft
Sie ist wunderschön und wirklich XXL
Ich habe sie auf den Namen Fattie Bumbum getauft
Sie spielt von ganz allein und richtig schnell

Sie hat ein warmes, helles Holz und verzierte Ränder
Sie ist so dick, passt kaum auf meinen Ständer.
Sie ist das Spielzeug meiner Lust
Wenn ich sie drück an meine Brust.
- Refrain

Nicht so ein drahtiges Gestell
Kein gefährliches Schrapnell
Nicht so ein trockenes Gerät
Was dösig in der Gegend steht
Nein, sie die Queen auf jeder Bühne

Ist die Sünde nicht die Sühne

Sie ist dick,

ok,
aber gemütlich
Sie ist vollschlank,
ok
aber echt geil
Der Hintern breit

ok
aber beweglich
Sie macht mich total an mit ihrem Teil

Sie wirft nen grossen Schatten, doch der fällt nicht ins
Gewicht
Denn da wo viel Schatten
da ist auch viel Licht
Bei ihr ist wirklich viel Licht
so helle wie sie klingt
Ich lieb sie, weil sie Sonne in mein Leben bringt.

Sieben
Text & Musik: Bernhard Bentgens

Ich habe 560 Freunde auf Facebook, und knapp 718
bei Twitter
doch wenn ich die alle zum Geburtstag einladen alle,
dann muss ich sieben.
Aber wen lad ich ein, und wen lieber nicht. Bei eini-
gen kenn ich nicht mal das richtige Gesicht.
Ich kann mich nicht entscheiden, kann manche gar
nicht leiden: ich muss sieben.
Oh Entscheidungen sind schwer – oh, so schwer –
ich konnte mich noch nie entscheiden

denn ich sehe 7 gute Gründe für ein Leben nach dem
Tod - 7 gute Gründe
7 gute Gründe für ein Leben vor dem Tod - 7 gute
Gründe

Es gibt 7 gute Gründe, warum Frauen gern schön
sind

Es gibt 7 gute Gründe, warum Mann das mag
7 gute Gründe, warum ich rauchen obszön find

7 gute Gründe, woran das lag

Es gibt 7 gute Gründe eigentlich für alles

7 gute Gründe für die Falle eines Falles
es gibt 7 gute Gründe für den menschlichen Verstand

und der menschliche Verstand setzt so manches in den Sand

denn für alles wirklich alles, gibt's nur einen guten Grund:
und den sagt dir dein Herz dein Herz

ein anderes Organ auch dein Bauch

7 gut Gründe um Twilight zu hassen

7 gute Gründe, jeden Tag zu meditieren

7 gute Gründe, es jeden Tag zu lassen

7 gute Gründe, keinen Tag zu verliern

7 gute Gründe, warum grüner Tee gesund ist

7 gute Gründe, kein Blut zu spenden

7 gute Gründe, warum wir DSDS brauchen

7 gute Gründe, gute Freunde zu haben

Es gibt 7 gute Gründe eigentlich für alles

7 gute Gründe für die Falle eines Falles
es gibt 7 gute Gründe für den menschlichen Verstand

und der menschliche Verstand setzt so manches in den Sand

denn für alles wirklich alles, gibt's nur einen guten Grund:
und den sagt dir dein Herz dein Herz

ein anderes Organ auch dein Bauch

Es gibt 7 Gründe für nen zweiten Twitter Account

7 gute Gründe warum ich doch Blut spende
7 gute Gründe, worüber jedes Kind staunt

7 gute Gründe für ne politische Wende

Entscheidungen sind schwer, so schwer

denn für alles wirklich alles, gibt's nur einen guten Grund:
und den sagt dir dein Herz dein Herz

ein anderes Organ auch dein Bauch

Ich hatte 560 Freunde auf Facebook und 718 bei Twitter
und als ich dann doch alle zum Geburtstag eingeladen hab,
kamen nur sieben …

Sonntag, so wunderschön wie heute
Text & Musik: Bernhard Bentgens

Sonntag, so wunderschön wie heute
Sonntag, der dürfte nie vergehn.
Sonntag, auf den man sich so freute,
Und wer weiß, wann wir uns wiedersehn.

Es war an einem Sonntag im Februar
Da kamst du zu mir, weil es so kalt war
Es war an einem Sonntag im März
Da verlor ich an dich mein Herz
Es war an einem Sonntag im April
Da bekam ich von dir alles was ich will
Es war an einem Sonntag im Mai
Da war grad alles wieder vorbei

Sonntag, so wunderschön wie heute,
Sonntag, der dürfte nie vergehn.
Sonntag, auf den man sich so freute,
Und wer weiß, wann wir uns wiedersehn.

Es war an einem Sonntag im Juni
Da trafen wir uns wieder an der Uni
Es war an einem Sonntag im Julei
Da war schon wieder alles vorbei
Es war an einem Sonntag im August
Da hatten wir grad wieder einmal Lust
Es war an einem Sonntag im September
Da merk 'ich, das ich mit dir Zeit verplemper

Sonntag, so wunderschön wie heute,
Sonntag, der dürfte nie vergehn.
Sonntag, auf den man sich so freute,
Und wer weiß, wann wir uns wiedersehn.

Es war an einem Sonntag im Regen
Da wolltest du dir alles noch mal überlegen
Es war an einem Sonntag im Stau
Da wusstest du es wieder ganz genau

Es war an einem Sonntag in der 35. Kalenderwoche
Da wolltest du, dass ich für dich koche
Es war an Sonntag drauf
Da batest du mich: hör damit wieder auf

Es war an einem Sonntag nicht weit von hier
Du sagtest, ich bekomme ein Kind von dir
Es war an einem Sonntag am Rhein
Ich sprach: das kann doch gar nicht sein

Es war an einem Sonntag in Füssen
Son Kind kommt doch nicht nur vom küssen
Es war an einem Sonntag auf nem Fest
Du schriest mich an: wir machen einen Test

Es war an einem Sonntag in Untersuchungshaft
Da leugnete ich immer noch die Vaterschaft
Es war an einem Sonntag im Gefängnis
Da wurde mir das Leugnen zum Verhängnis

Es war an einem Sonntag wieder draussen
Da lernte unser Junge gerade laufen
Es war an einem Sonntag

Schau die bunten Sterne
Am Firmament hier steh'n,
Ach, ich blieb' so gerne,
Doch leider muß ich geh'n:

Glaub' nicht, daß ich weine,
Wenn ich einsam bin.
Nie bin ich alleine,
Denn du liegst mir im Sinn.

Statt an Statt

Text & Musik: Bernhard Bentgens

Statt der Bücher, statt der Dichter
Statt der Scheffel unter Lichter
Statt der Uni und der Schulen
Statt der Lesben und der Schwulen
Statt der Sehnsucht, statt der Treue.
Mag ich das Neue.

Statt der Rätsel und Gedanken
Statt der Kohle, statt der Banken
Statt der angezapften Sonne
Statt der vollen Biotonne
Statt der Trennung und des Mülls.
Sing ich ein Lied?

Statt der Busse und Touristen
Statt der schwarz-rot-grünen Listen
Statt der Ängste, statt der Sorgen
Statt des Gestern, statt des Morgen

Statt der Lichter, statt der Villen
Statt der Dichter, statt der Brillen
Statt der Nadeln, statt der Öre
Statt der Sänger, statt der Chöre
Statt der Sehnsucht, statt der Treue.
Mag ich das Neue.

Statt der Parks, statt grüner Lungen
Statt der Schläger, statt der Zungen
Statt der Qual beim ersten Mal,
Statt der Heimat, statt der Wahl
Ich liebe dich / statt der Kultur:
Du mein: „Mülheim an der Ruhr"

The Seven Dance

Text: Bernhard Bentgens, Musik: Traditionell

Do you know the seven, the seven, the seven
do you know the seven, the seven dance

You say my dancing is no good
it's not true - I dance like hollywood:

this is one

Do you know the seven, the seven, the seven
do you know the seven, the seven dance

You say my dancing is no good
it's not true - I dance like hollywood:

this is one
this is two
this is three
this is four
this is five
this is six
this is -
seven

Todos mis problemas

palabras & musica Bernardo Bentgenso
Traducion de Bernardo Heuvelmanomann

Todos mis problemas
que no quiro tener
no los encuentro bién.
Nadie no los quiere escuchar.
Todos mis problemas
no los quiero tener
los encuentro realmente bobos.

Todos mis problemas
que se vayan manana
No. Aún mejor hoy
mejor ahora mismo
que se vayan. Todos!

pero.
Aora yo no sé qué debo de cantar: lalalalalala
todos mis problemas ya se han ido lalalalalala
De repente han vuelto: estan aqui

Todos mis problemas
que no quiro tener
no los encuentro bién.
Nadie no los quiere escuchar.

Todos mis problemas
los trasforma en un regalo
luego os les doy
y me voy.

Trauer ist son Ding

Text & Musik: Bernhard Bentgens

Trauer ist son Ding
das macht dir deine ganze Brust voll
von innen

voll mit sonem Zeug, das fühlt sich an, wie Spinnen,
das fühlt sich an, wie:

Wie 1 Regen nach nem regen ohne Regenbogen
wie ein Kissen, das deiner Seele die Luft weg nimmt,
wie eine aufgepumte Rettungsweste in der Wüste
wie ein Würgen, doch es kommt nix wie Trauer
Die Trauer, die hat ihre eigene Power
dei Trauer, die ist wie ein Nägelkauer
da ist immer noch was dran

das ist ein Magenhauer
ein unendlicher Rgenschauer
ein überfüllter Vogelbauer
ein EnergienKlauer
ein vertrocknete BlümhcneMauer
eine endlos Mauer

Trauer ist son Ding
das macht dir deine ganze Brust voll

Ja, ja, dacht ich, die Welt. Nur weiter so. Die Wirk-
lichkeit. Wichtigtuerei des Schicksals, das seine wah-
ren Absichten verbirgt.

Traum-Paar

Text & Musik: Bernhard Bentgens
im März 2000

Hast du denn tatsächlich geglaubt,
wir zwei würden ein Paar?
Hast du das tatsächlich geglaubt?
Hast du denn tatsächlich geglaubt,
das hält länger als 1 Jahr?
Hast du das tatsächlich geglaubt?
Hast du das tatsächlich geglaubt?

Hast du denn tatsächlich geglaubt,
unser Glas sei noch halb voll?
Nicht halb leer und etwas schal?
Hast du denn tatsächlich geglaubt,
das bleibt bei uns so toll?
Und wenn nicht, dann wär's egal?
Hast du das tatsächlich geglaubt?
Mein Gott bist du naiv!
So naiv möchte wirklich auch mal sein!

Träumer, du Träumer! Du träumst,
wir sind ein TraumPaar,
ein Wunder-Paar, ein Unbeschreib-Paar!
Träumer, du Träumer, du träumst,
wir sind ein Unbegrenzt-Halt-Paar!

Hast du denn tatsächlich geglaubt,
das Leben sei so leicht?
Würde ausgerechnet uns etwas schenken?
Hast du denn tatsächlich geglaubt,

dein Optimismus reicht?
Und würde unser beider Schicksal lenken?

Hast du das tatsächlich geglaubt?
Mein Gott bist du naiv!
So naiv möchte wirklich auch mal sein!

Träumer, du Träumer! Du träumst,
wir sind ein TraumPaar,
ein Wunder-Paar, ein Unbeschreib-Paar!
Träumer, du Träumer, du träumst,
wir sind ein Unbegrenzt-Halt-Paar!

(gespr.) Nimm z.B. unseren letzten Urlaub!
Obwohl, der war eigentlich ganz toll,
na aber der davor
. . auch, aber alle Urlaube waren irgendwie, . . .naja,
aber der Alltag,
... das klappt schon super, das wird immer schöner.
Du hattest recht, wir sind ein Traum-Paar
geworden / geblieben / wir lieben / das Leben /
und träumen und träumen:

Du hast das tatsächlich geglaubt
und darum ist das so passiert:
Wir sind ein Unzertrenn-Paar!
Du hast das tatsächlich geglaubt
darum lief alles wie geschmiert.
Wir sind ein Hör-Paar und Versteh-Paar!
Du hast das tatsächlich geglaubt
und das Schicksal ausgetrickst!
„Was du träumst, ist was du kriegst!" -

„What you dream is what you get!"

Träumer, du Träumer! Du träumst,
wir sind ein TraumPaar,
ein Wunder-Paar, ein Unbeschreib-Paar!
Träumer, du Träumer, du träumst,
wir sind ein Unbegrenzt-Halt-Paar!

Ein Offen-Paar, kein Sonder-Paar,
ein Unbezahl-Paar, mit Paar-Zahlung und Paar-Geld,
Ein kaum noch Optimier-Paar, ein unbegrenzt Belast-
Paar, ein in der Höhe Verstell-Paar,
Abnehm-Paar, bis 60 Grad AbWasch-Paar.

So naiv möchte wirklich auch mal sein!

Trenn deinen Müll

Text & Musik: Bernhard Bentgens
Gewidmet dem Umweltamt und dem Amt für Abfall-
wirtschaft und Stadtreinigung der Stadt Heidelberg

Am **achten** Tage aber erschuf Gott den Müll. Und er
trennte die wieder verwertbaren Sachen von den
nicht mehr wieder verwertbaren Sachen und er sah
das es gut war.

Am **neunten** Tag erschuf Gott die Mülltonne. Er woll-
te, daß es Tonnen in allen Farben auf der Welt gebe
(nicht nur rote in Amerika, gelbe in China, schwarze
in Afrika, grüne in Europa, nein, er wollte überall alle
Farben harben.) Und er sah das es gut war.

Am **zehnten** Tag erschuf Gott die Müllabfuhr. Und er
erschuf orangene Autos mit Männern darauf, die wie-
der Platz machen in den verschieden farbigen Ton-
nen, damit wir wieder unseren getrennten Müll hinein
werfen können. Und er sah das es gut war.

Am **elften** Tag erschuf Gott endlich die Muelltren-
nung. Und er erschuf das Duale Szstem und den gel-
ben Sack, Reczcling und den Gr[nen Punkt, die Alt-
glascontainer f[[r Weiss/Grun/braun/Glas, die Kom-
posttonne und Restm[llsortieranlage und die Alt-
papiertonne mit ihrem nicht yu ;ffnenden Deckel. Und
er sah das es gut war . . .

Am **zwölften** Tag erschuf Gott den Nervenzusam-
menbruch.

Trenn deinen Müll
egal was andere machen
Trenn deinen Müll
selbst wenn die anderen lachen
Die Andern wissen gar nicht, wie gut du dich fühlst
Wenn du stundenlang im Mülleimer wühlst.
Trenn deinen Müll
Halleluja
Trenn deinen Müll
Halleluja
Verantwortliches Trennen, ist gar nicht so schwer
Und deine Rest-Müll-Tonne ist immer leer.
Am **dreizehnten** Tag aber erschuf Gott den Individual
- Tourismus. Er schuf Flugzeuge, die überall herum-
fliegen konnten und erholungsbedürftige Menschen
wie mich zum Beispiel für 3 Wochen nach Griechen-
land flogen. Und ich sah daß das gut wird.

Nach **14 Tagen** auf Kreta aber erfuhr ich, daß die
Menschen auf dieser gottbegnadeten Insel unserer
Zeit weit voraus sind, und den mühsamen Prozeß
über Mülltrennung, Banderolen - System und Ner-
venzusammenbruch genial abkürzen und den Dreck
gleich in die Landschaft kippen.

Am **einundzwanzigstenTag** aber stank es ganz furchtbar zum Himmel und Gott sah, dass es Müll war. Und Gott überlegte kurz, ob er den Müll einfach verschwinden lassen sollte, nach dem gleichen Verfahren, wie er es für einzelne Socken eingerichtet hatte. Stattdessen erschuf er den fast dichten Tret - Eimer und das Tannenduft - Spray für eine bundesweite Billigkette.

Refrain:Und deine Rest-Müll-Tonne ist immer leer. Vielleicht nur eine Glühbirne, ne Küchenschweinerei, da geht immer noch n Lita nei, n Lita nei.

Tschüss, mein lieber Regenwald
Text und Musik von Bernhard Bentgens

Tschüss, mein lieber Regenwald
ist schad, daß du schon gehst;
doch Old MacDonald braucht ne Farm
genau, wo du jetzt stehst.
Du bist ja schon so lange da, werd nicht sentimental.
Wie gut, daß es MacDonald gibt,
dem ist das ganz egal.

Du mußt dich nicht aufregen, Wald,
weil deine Blätter uns nicht mehr interessierten
Du kommst in die Papierfabrik
wirst schöne Illustrierten.
Wir fahrn, fahrn, fahrn auf der Autobahn.
Ozon stört uns nicht.
Wir werden dir ein Treibhaus baun,
nichts ist unmöglich...

Tschüss, mach's gut, das war's dann wohl.
Tschüss, mach's gut, das war's, (didldidl diedip)
Tschüss, mach's gut, das war's dann wohl.
Tschüss, mach's gut, das war's.

Tschüss, mein lieber Regenwald
ist klar, was dir mißfällt.
doch Tropenholz für Zahnstocher
das ist halt schon bestellt
Wir würden dir ja nie was tun, wir wären nie so kalt.
Wie gut, daß es MacDonald tut, der wird von uns be-
zahlt.

Tschüss, mach's gut, das war's dann wohl.
Tschüss, mach's gut, das war's, (didldidl diedip)
Tschüss, mach's gut, das war's dann wohl.
Tschüss, mach's gut, das war's.
Tschüss, mach's gut...

Tschüss, mein lieber Regenwald
jetzt stell dich nicht so an.
Die Malediven tauchen bald,
die sind als nächstes dran.
Dann die Nordseeküste.... die gibt's bald nicht mehr,
und alle hier im Binnenland, wir singen hinterher:
Tschüss, mach's gut...

Tschüss, mein lieber Regenwald
deine Tage sind gezählt.
Wir machen doch jetzt nicht mehr halt,
bist nicht mehr lange auf der Welt
Wir machen's wohl auch nicht mehr lang,
wenn du so weiter gehst.
Doch wir denken da nicht drüber nach,
jetzt noch nicht, jetzt noch nicht, jetzt noch nicht.

Tschüss, mach's gut...
jetzt noch nicht, jetzt noch nicht...
Tschüss, mach's gut, das war's dann wohl.
Tschüss, mach's gut, das war's, (didldidl diedip)
Tschüss, mach's gut, das war's dann wohl.
Tschüss, mach's gut, - das war's.

Universal-Lied

Text & Musik: Bernhard Bentgens

Wenn du nicht weisst,
was du singen sollst,
dann sing doch dieses Lied,

das passt immer total !
Wenn du nicht weisst,

was du singen sollst,
dann sing doch dieses Lied,
denn dieses Lied ist universal

Zum Beispiel du im Weltall,
ganz ohne Luft und Klang
und ohne Atmosphäre,
das hindert den Gesang.
Vielleicht hast du ihn nie gehabt,
den einen guten Stern
und wenn, der ist nicht da,
oder gerade viel zu fern
da musst du raus,
diese Stimmung macht dich krank
da musst du raus,
nimm dein Schicksal in die Hand: dududu

Sing doch irgendwas - irgendwas macht Spass
irgendwas ist lustig
- und irgendwas passt immer
sing doch irgendwo
- nirgendwo ist's besser so

Dieses Lied ist universal
ich hör schon die ersten mitsingen

Irgendwo ist hier
irgendwann ist jetzt
irgendwann ist alles egal
irgendwann ist jetzt
und irgendwas das fetzt
Dieses Lied ist universal

Der eine liebt die Oper,
singt wie ein kleiner Gott
dem großen Gott ist das egal,
denn er kennt keinen Spott
Der andre singt die Strophen
von seinem Lieblingslied
und ist genau so glücklich,
wie seines Glückes Schmied

Wenn du nicht weisst,
was du singen sollst,
dann sing doch dieses Lied,
das passt immer total !
Wenn du nicht weisst,
was du singen sollst,
dann sing doch dieses Lied,
denn dieses Lied ist universal

Du fragst was wird wohl sein?
Was wird die Zukunft bringen?
was werden wir in Zukunft an dieser Stelle singen?

irgendwo ist hier !
Irgendwann ist jetzt !
irgendwann ist alles egal !
irgendwann ist jetzt !
Und irgendwas das fetzt !
Dieses Lied ist universal dududu
Dieses Lied ist universal

Unsre neue Welt

Text & Musik: Bernhard Bentgens

der eine meint, es geht uns schlecht,
es ginge uns nie schlechter
da müsse jetzt ein Retter her
und zwar ein möglichst Rechter
der andere meint, der kleine Mann

hätt' immer schon verloren
jedes system dieser Welt wär'
gegen ihn verschworen

holländische kühe werden heute ausgewiesen
aus diplomatischen gründen von türkischen Wiesen
türkische politiker wollen viel verändern
doch leider nicht bei sich zuhaus, nein auch in frem-
den ländern
lustig lustig trallala unsre neue welt
lustig lustig trallala unsre schöne neue welt, juchhei

hat sich ein ganzes volk verwählt, regieren die idioten
lustig lustig trallala, die deppen und despoten
hab'n die Falschen die Falschen gewählt,
ist kaum mehr was zu retten
haben nur die einen recht, die anderen sind in ketten
lustig lustig trallala unsre neue welt
lustig lustig trallala unsre schöne neue welt, juchhei

verändert sich die neue welt lustig lustig weiter
wird sie wie die alte welt und leider nicht gescheiter
politikverdrossenheit keiner will sich zeigen

vom orangenen affen einmal ganz zu schweigen
lustig lustig trallala unsre neue welt
lustig lustig trallala unsre schöne neue welt, juchhei

voll verhärtete fronten zeigen zähne und messer
jeder weiss natürlich alles ein atömchen besser
wenn es um intolerante religionen geht
das kannste voll vergessen, da ist alles zu spät.

das resultat sind bürgerkrieg, aufrüstung und hass
lustig lustig trallala, wir haben unsern spass
wir legen den Menschenverstand
sauber zu den Akten
wenn Lügen mehr wert sind als reale Fakten
lustig lustig trallala unsre neue welt
lustig lustig trallala unsre schöne neue welt, juchhei

ferien im internet, drucken in drei d
virtual reality, wirklichkeit ade
schöne neue welten werden simuliert
die sonne scheint, ein vogel singt, alles funktioniert-
noch.

lustig lustig trallala unsre neue welt
lustig lustig trallala unsre schöne neue welt, juchhei

Unterwasserlieder

Unterwasserlied 1

Ein Fisch, der unter wasser schwamm,
der fühlte sich stets kalt und klamm.
Drum kam er eines Tags nach oben
und wollte gerad' die Luft dort loben,

da kriegt er plötzlich einen Husten
und hat mit Röcheln, Würgen, Prusten
am Grund zum letzten Mal gezuckt:
Er hatte zuviel Luft geschluckt.

Mein Gott, wie peinlich...

Unterwasserlied 2

ein kleiner Fisch, der war knallrot
und konnte ganz schnell schwimmen
noch schneller als ein Motorboot.
Du denkst, das kann nicht stimmen?

Natürlich stimmts, der Fisch hieß Fritz
durch Blähung wurd er eilich
war gerad so schnell wie'n Kugelblitz
und rot, weil es ihm peinlich.

Mein Gott, wie peinlich

Unterwasserlied 3

Ein kleiner Fisch mit Namen Paul,
der hat vom Duamenlutschen
ein furchtbar dickes, weiches Maul,
benutzt es nur zum Knutschen.

Er knutscht mit jeder Alge rum
und tut's nicht nur mit algen:
auch sah man's ihn mit dem Fisch T(h)un
und andren fischen balgen.

Nur einmal hat der Knutschfisch Pech,
da irrte er sich schaurig:
kaputten Mauls schwamm er schnell weg (wech) -
Frau Sägefisch war traurig;

und schrieb ihm lange Zeit in Briefen
von ihrer Liebesqual,
von diesem weichen Kuss, dem tiefen
-       es war ihr erstes Mal.

Mein Gott wie peinlich....

Verkehrslied

Text & Musik: Bernhard Bentgens

1
Dem einen geht es gut
darum geht's dem anderen schlecht.
Der eine hat kein'n Mut
darum macht er's keinem recht.

Du kommst von vorne links
ich komm von vorne rechts
die Regel beim Verkehr
ist manchmal gar nichts schlecht's.

Ja im Verkehr, ist es schwer,
zu verstehn: wohin, woher,
egal ob Straße, Wasser, Luft oder im Bett.
Ja im Verkehr ist's bequem,
wenn du weißt wohin mit wem,
egal ob Straße, Wasser, Luft oder im Bett.
Ist der Verkehr mal verquer
und schon lange nicht mehr fair
dann willst du aussteigen, alleinsein, ganz für dich.
Doch ganz allein im Verkehr,
das magst du wohl auch nicht sehr,
egal ob Straße, Wasser, Luft oder im Bett.

2
Trinkst du ein paar Bier
die gehn sofort ins Blut
besoffen im Verkehr
ist manchmal nicht so gut.

Wenn sich etwas staut
dann mach dir nicht ins Hemd
sei doch ruhig mal laut
das nennt man Temperament.

3
Dem einen geht's zu schnell
dem anderen zu lahm.
Der eine fuhr grad ab,
als der andere schon kam.

Der eine bremst wie blöd
der andre gibt nur Gas
dann kracht es ziemlich bös
dann ist's vorbei, das war's.

Ja im Verkehr ist's bequem,
wenn du weißt wohin mit wem,
egal ob Straße, Wasser, Luft oder im Bett.
Ist der Verkehr mal verquer
und schon lange nicht mehr fair
dann willst du aussteigen, alleinsein, ganz für dich.
Doch ganz allein im Verkehr,
das magst du wohl auch nicht sehr,
egal ob Straße, Wasser, Luft
oder auf'm Fahrrad oder im Zug,
am schönsten ist es immer noch im Bett.

Wär' das nicht super (Isn't she lovely)

Text: Bernhard Bentgens, Musik: Sting

Super, super super super .... gnadenlos super, ja

Öffnet die Augen -
versucht besser hinzuseh'n!
Barrieren vermeiden,
könnte so leicht gescheh'n.
Mit Willen und Kraft – und Apfelsaft!
wär's ohne Leid geschafft
Wär 'das nicht wunder-wunderschön!

Öffnet die Herzen -
zeigt etwas mehr Gefühl!
Mit einem Lächeln
ist das ein Kinderspiel.
Mit Willen und Kraft – und Apfelsaft!
wär's ohne Leid geschafft
Wär 'das nicht wunder-wunderschön!

Wär 'das nicht herrlich wär 'das nicht gran-di-os
Schlichtweg gigantisch, fantastisch, perfekt, famos.
Traumhaft brillant, phänomenal,
ohne Frage, das wär genial.
Wär' das nicht wunder-wunderschön!
Überwältigend

Warten auf dich (Sitting, Waiting, Wishing)

Text: Bernhard Bentgens, Musik: Jack Johnson

Ich liege hier und warte immer
Auf den kleinsten Hoffnungsschimmer
Darauf, dass du zu mir rüberschaust

Gott weiß, wie grausam diese Welt
ich bin nicht Gott, ich bin kein Held
Ich bin schon froh, wenn du mich nicht verhaust

Muss ich immer hier warten, warten auf dich?
Muss ich den Idioten spielen für dich?

Sing deine Lieder, tanz deinen Tanz
Geb deinen Freunden eine Chance
doch ohne dich hat alles keinen Wert.

Vielleicht ist das für dich nichts Neues.
für mich ist's neu und ich bereu's
Und die nächsten Zeilen sind für dich bestimmt.

Muss ich immer hier warten, warten auf dich?
Muss ich den Idioten spielen für dich?

Ich spiel deinen Part,
das ist nicht meine Szene.
ich ändere den Plot.
Der ist zu mysteriös
Erst baust du mich auf
Dann schiesst du mich ab
obwohl ich schon am Boden liege.

Ich lieg hier und warte
Ich lieg hier und warte

Wär ich in deiner Position
Ich liesse alle Munition
Und machte mit den Warten endlich Schluss

Weiss Gott, ich bin nicht so wie du!
Selbst wenn, dann liesse ich nicht zu
Das jemand so auf Liebe warten muss.

Muss ich immer hier warten, warten auf dich?
Muss ich den Idioten spielen für dich?

Was soll ich denn im Himmel?

Text & Musik: Bernhard Bentgens

Heute ist wohl Vollmond.
Ich träum die ganze Nacht
Und zwar: ich bin gestorben
und fall in einen tiefen Schacht.

Der Schacht wird zu nem Tunnel
am Ende wird es hell
ich jage auf das Ende zu
das geht mir viel zu schnell.

Und plötzlich um mich alles weiß
ganz grell und voller Wolken
so Schäfchenwolken weiß auf blau
sehn aus wie frisch gemolken

Doch kein Melker weit und breit
alles hell und sauber
und einsam, stille Heiligkeit
darüber wie ein Zauber.

Was soll ich denn im Himmel,
wenn ich da ganz alleine bin ?
Was soll ich denn im Himmel,
da komm ich lieber ganz woanders hin.

Hier ist es echt voll leer
es zeigt sich keine Seele
bald ertrag ich das nicht mehr
ich ruf aus voller Kehle:

»Hallöchen, Halleluja! - Keine Reaktion
doch an der Rezeption da steht ein Schild:

Betriebsausflug im Himmel
die Seelen gehen wandern
Vater, Sohn und heil'ger Geist
auch Petrus und die Andern

Das ist ja richtig blöde:
das ist hier keinen find'
hier ist es leer und öde
Wo die wohl alle sind?

Vielleicht beim Papst in Rom
oder in Köln im Dom
nein, kein Dom kein Kölle:
ich hör' sie aus der Hölle!:

Beim Satan gibts heut Braten
Paradieschen aus dem Garten

Betriebsausflug im Himmel,
die Seelen wollen wandern
Teufels Sohn + HimbeerGeist
sind außer Rand und Bandern!

Im Lokal zum »PferdeFuss«
da ißt der ganze Stamm
das jüngste Gericht,
es gibt heute »Lamm«

Eva ist es viel zu warm
Posaunen machen sie bange

drum geht sie auf die BeautyFarm
und hinterher zur Schlange.

Jesus und der Antichrist
laufen übers Wasser
da tanzen sie den Gummitwist
gewonnen hat, wer nasser.

Die Schlange verteilt Äpfel
Die Eisheiligen Eis,
Die Teufel wollen kicken
doch den Engeln ist zu heiss

Darüber lacht sich Mary schlapp
und haut mit den HellsAngels ab

Der liebe Gott ist eine Frau
sieht aus wie Angela Merkel
sie hakt sich bei mir ein,
ja so ein kleines Ferkel!

Dann spricht sie aus Erfahrung:
und das ist ne Offenbarung:
(Hannelore Kohl singt ganz süffisant:)
Was soll ich denn im Himmel,
wenn ich da ganz alleine bin ?

Und alle in der Hölle,
die könn' das gut verstehn

und singen mit und schunkeln
zum himmlischen Refrehn:

Was soll sie denn im Himmel,
wenn sie da ganz alleine ist ?

Was soll sie denn im Himmel,
wenn die Hölle doch viel schöner ist?
Ja, dat weiß ich auch nich!

Was soll nur werden aus uns zwein?

Text & Musik: Bernhard Bentgens

Was soll nur werden aus uns zwein?
Wird es Liebe ohne Ende sein?
Werden wir irgendwann mal glücklich sein?
Was soll nur werden aus uns zwein?

Was soll nur werden aus uns zwein?
Wird es ein Ende ohne Liebe sein?
Soll das dann alles gewesen sein?
Was soll nur werden aus uns zwein?

Ganz egal, was kommt, das kommt ja sowieso!

Heut hast du ein Abenteuer
fängst woanders wieder Feuer.
Heut kannst du dich tierisch freuen,
morgen schon hast du 'nen Neuen.

Was soll dann werden aus drein?
Wird es Liebe oder Totschlag sein?
Oder werden wir uns entzwein?
Was soll dann werden aus uns drein?

Was soll nur werden aus uns drein?
Wird's ein Leben wie im Kino sein?
Wird immer einer der Dumme sein,
was soll nur werden aus uns drein?

Ganz egal, was kommt, das kommt ja sowieso!

Ganz egal, was du machst,
du hast 'nen Bonus bei mir.
Ganz egal, ob du jetzt lachst,
ich halte trotzdem zu dir!

Wenn sie noch einen andern braucht,
dann darf ich das ja schließlich auch,
dann sind wir beide wieder quitt,
da machen wir ganz schön was mit.

Was soll dann werden aus uns viern ?
Wird es Liebe ohne Ende sein ?
Oder wird uns ständig sowas passieren ?
Was soll dann werden aus uns viern ?

Was soll nur werden aus uns viern ?
Wird's ein Chaos voller Liebe sein ?
Wer wird gewinnen und wer verliern ?
Was soll nur werden aus uns viern ?

Klar, man braucht bei soviel Leuten
mindestens 2 Therapeuten,
die leg'n uns unser Chaos offen,
sind wohlmöglich selbst betroffen.

Was soll dann werden aus uns sechsen?
Wird das Leben etwas kompliziert?
Und wird die Krankenkasse das ersetzen?
Was soll nur werden aus uns sechs?

Schließlich bringen wir's auf achtzehn,
wenn dann schließlich auch noch Kinder kommen,
werd'n wir uns ständig auf den Füßen stehn?
Solln wir zwei dann besser gehn?

Ganz egal, was kommt, das kommt ja sowieso!

Was soll nur werden aus uns zwein?

Text & Musik: Bernhard Bentgens

Fassung mit Chor

Was soll nur werden aus uns zwein ?
wird es Liebe ohne Ende sein ?
werdn wir irgendwann mal glücklig sein ?
was soll nur werden aus uns zwein ?

Was soll nur werden aus uns zwein
wird's ein Ende ohne Liebe sein
soll das dann alles gewesen sein
was soll nur werden aus uns zwein

(HUHU)Ganz egal, was kommt,
das kommt ja sowieso !

heut hast du ein Abenteuer
fängst woanders wieder Feuer
heut kannst du dich tierisch freuen,
morgen schon hast du nen Neuen.

Was soll dann werden aus drein ?
wird es Liebe oder Totschlag sein ?
oder werd'n wir uns entzwein ?
was soll dann werden aus uns drein ?

Was soll nur werden aus uns drein ?
wirds ein Leben wie im Kino sein ?
wird immer einer der Dumme sein ?
was soll nur werden aus uns drein ?

(HUHU)Ganz egal, was kommt,
das kommt ja sowieso !

Ganz egal, was du machst
du hast nen Bonus bei mir
ganz egal, ob du jetzt lachst
ich stehe trotzdem zu dir !

wenn sie noch einen andern braucht
dann darf ich das ja schließlich auch
(HU)dann sind wir beiden wieder quitt,
da machen wir ganz schön was mit.

Was soll dann werden aus uns viern ?
wird es Liebe ohne Ende sein ?
wird uns ständig sowas passieren ?
was soll dann werden aus uns viern ?

Was soll nur werden aus uns viern ?
wird's ein Chaos voller Liebe sein ?
wer wird gewinnen und wer verliern ?
was soll nur werden aus uns viern ?

Ganz egal, was kommt,
das kommt ja sowieso !

Ganz egal, was du machst
du hast nen Bonus bei mir !
ganz egal, ob du jetzt lachst
ich halte trotzdem zu dir !

Klar man braucht bei soviel Leuten
mindestens 2 Therapeuten
die legn uns unser Chaos offen,
sind womöglich selbst betroffen

Was soll dann werden aus uns sechsen ?
wird das Leben etwas kompliziert ?
und wird die Krankenkasse das ersetzen ?
was soll nur werden aus uns sechs ?

Was soll dann werden aus uns achtzehn
ja, wenn dann schließlich auch noch Kinder kommen
werdn wir uns ständig auf den Füßen stehn ?
Solln wir zwei dann besser gehn ?

(HUHU)
Ganz egal, was kommt,
das kommt ja sowieso !
Ganz egal !
Ganz egal, was du machst !
du hast nen Bonus bei mir
ganz egal, ob du jetzt lachst
ich stehe trotzdem zu dir !

Ganz egal, was kommt,
das kommt ja sowieso !
Ganz egal !

Ganz egal !

Der Strom durch Heidelberg

ein E-Mobiltätslied von Bernhard Bentgens
anlässlich des 3. Stadtwerke Heidelberg Forum
zum Thema Elektromobilität

Durch Heidelberg da fließt ein Strom
ein wunderschöner starker Strom
zum Watt fliesst dieser Strom
und dieser Strom, heisst Elbe

Heid-Elbe-rg

Die Elbe fliesst in die Nordsee
und in der Nordsee ist das Watt
dass ich Watt als Wort seh
das hättste nicht gedacht da bist platt

Die Wattstärke
der Stadtwerke
von Heidelberg
ist groß

Die Wattstärke
der Stadtwerke
von Heidelberg
geht jetzt erst richtig los

Durch Heidelberg fliesst auch der Neckar
doch der Neckar bringt kein Watt
Als Strom bringt er nur Geklecker
Das hättste nicht gedacht, da biste platt

Die Stadtwerke sind modern
sind großer Teil des Fortschritts
Watt haben die Heidelberg gern
und lieben jenen Wortwitz

Die Wattstärke
der Stadtwerke
von Heidelberg
ist groß

Die Wattstärke
der Stadtwerke
von Heidelberg
geht jetzt erst richtig los

Wechseljahre

Text & Musik: Bernhard Bentgens

Der Mann im Wechsel der Jahre
Verliert nicht nur seine Haare
Er verliert auch seine Zeit
Die im bleibt für die Ewigkeit

Der Mann im Wechsel der Jahre
Bekommt Probleme und zwar absehbare
Er glaubt zu Kentern wie einst die Titanic
Und deshalb befällt ihn „Torschlusspanik"

Bei der Frau nimmt die Behaarung eher zu
Doch das hilft dem Mann nicht, er hat keine Ruh
Er ist labil und eher reizbar
Da wo früher für ihn großer Reiz war

Jetzt ist er sexuell eher fügsam
Doch es genügt ihm nicht so genügsam

Das sind die Wechseljahre, das sind die Wechseljah-
re
Da geht es rauf und runter wie ne Achterbahn
Das sind die Wechseljahre, das sind die Wechseljah-
re
Die muss jeder Mann mit aller Macht erfahrn

Das sind die Wechseljahre, das sind die Wechseljah-
re
Sie wirken auf den Körper aber nicht aufs Hirn
Darum kann jeder Mann sie völlig ignoriern

Das sind die nicht vorhandenen Wechseljahre des
Mannes
Mit den nicht vorhandnen Problemen mit seinem Jo-
hannes
Keine Schlafstörungen und kein Herzklopfen
Kein Schwindel trotz der vielen Herztropfen
Keine Hitzewallung, die ihn heizt
Und natürlich ist er nicht nervös gereizt
Das sind die nicht vorhandenen Wechseljahre des
Mannes.

Das ist der endgültige Abschied von der Jugend
Jetzt regiert nur noch Weisheit und Tugend
Und mit neuer Substanz zieht der Mann nun Bilanz
Im Fall des schlimmsten Falles: War das etwa alles?
Er fragt sich und erbleicht: was hab ich denn schon
erreicht?
Und mit nervöser Erschöpfung erkennt der Mann das
Unfassbare:
Er ging von der Pubertät direkt in die Wechseljahre!

Aber wie gesagt, viele Männer merken das gar nicht,
dass sie in den Wechseljahren sind.
Die Frauen merken das viel stärker – bei den Män-
nern.
Und der Vorteil meiner Wechseljahre ist: ich bin sie
jetzt endlich los: diese ständigen solidarischen
Scheinschwangerschaften.

Das sind die Wechseljahre,
das sind die Wechseljahre

Da geht es rauf und runter wie ne Achterbahn
Das sind die Wechseljahre,
das sind die Wechseljahre
Die muss jeder Mann mit aller Macht erfahrn

Das sind die Wechseljahre,
das sind die Wechseljahre
Sie wirken auf den Körper aber nicht aufs Hirn
Darum kann jeder Mann sie völlig ignoriern.

Wo ist seine Power, wo der jugendliche Charme
Das ist nur noch Trauer, er fühlt sich schwach und
arm
Er ist nicht mehr der Held und mit tausend Ängsten
Überlässt das Feld den jüngeren Hengsten.

Das sind die nicht vorhandenen Wechseljahre des
Mannes.

Weihnachten am Strand

Text & Musik: Bernhard Bentgens

Weihnachten am Strand
Lametta im Bikini
Weihnachtsbaum im Sand
und 30° Lufttemperatur
das ist Leben pur
in der linken Hand Martini
und links Martina
Ich befürchte nur
das mach ich unter Garantie nie.

Ich glaube nicht mehr an den Weihnachtsmann,
der will nur in der Sonne liegen.
Ich will das Krippenspiel als Party ham
und mit dem Rauschgoldengel fliegen.

Ich glaube nicht mehr an die Weihnachtsfrau
so mit Bescherung und dann klingelts.
Das ist, ich weiß es weihnachts-ganz-genau
ein Weihnachtsmärchen für die Singels.

Weihnachten am Strand
Lametta im Bikini
Weihnachtsbaum im Sand
und 30° Lufttemperatur
das ist Leben pur
in der linken Hand Martini
und links Martina
Ich befürchte nur
das mach ich unter Garantie nie.

Weihnachtsgänsehaut

Text & Musik: Bernhard Bentgens

Jedes Jahr im Winter da freun sich alle Kinder,
da kommt zu uns dies magisch tolle Fest.
Alle haben sich gerne und schenken voller Wärme
und kuscheln in 'nem wohlig weichen Nest.

Ich krieg 'ne Weihnachtsgänsehaut,
wenn ich den Weihnachtsbaum nur seh,
das weihnachtsgänse-haut mich immer um.
Ich riech den Weihnachtsgänsebraten,
seh die Weihnachtskerzen stehn
und freu mich auf ein Spekulatium.

Jedes Jahr wenn's kalt ist,
wenn du schon etwas alt bist,
dann findest du das nicht mehr ganz so toll.
Jeder ist ein Schätzchen,
du stopfst dich voll mit Plätzchen,
dann fragst du dich, was das wohl alles soll.

Ich krieg 'ne Weihnachtsgänsehaut,
wenn ich den Weihnachtsbaum nur seh,
das weihnachtsgänse-haut mich immer um. (Plums !)
Ich kriege Weihnachtspickel überall und Über-allergie
und flüchte in ein Alkoholikum.

Jedes Jahr das gleiche, zuerst 'ne Gänseleiche
und später gibt es Plätzchen noch und noch.
Jedes Jahr wirds hohler, vorher ging's dir wohler
und hinterher gefällt es uns ja doch.

Ich krieg 'ne Weihnachtsgänsehaut,
wenn ich den Weihnachtsbaum nur seh,
das Weihnachtsgänsehaut mich immer um. (Plums !)
Ich kriege Weihnachtspickel überall und Über-allergie
und flüchte in ein Alkoholikum.

Das geht mir tierisch auf die Weihnachtsnüsse,
hinterher gibts Weihnachtsgrüße,
vorher wird ein Wunsch belauscht
und hinterher wieder umgetauscht.
Dieses Fest wird superschön,
das kann man auch im Fernsehn sehn,
im Fernsehn gibt es viele Leichen
und alle woll'n zum Christkind.

Schleichen durch die Kabel,
zeigen nochmal Nabel,
zeigen noch mal nackte Haut,
das hams vom Christkind abgeschaut.
Christkind in der Kinder-Krippe
beißt sich auf die Unterlippe
und singt ganz leise dieses Lied:

Ich krieg 'ne Weihnachtsgänsehaut,
wenn ich den Weihnachtsbaum nur seh,
das Weihnachtsgänsehaut mich immer um. (Plums !)
Ich kriege Weihnachtspickel überall und Über-allergie
und flüchte in ein Alkoholikum.

Weisst du noch?

Text & Musik: Bernhard Bentgens
Januar 96

Weisst du noch? Damals? Ja, doch, es war damals.
Weisst du noch? Da lud ich dich zum Essen ein
bei mir im Weihnachtskerzenschein.
da hockten wir und tranken Wein.
Und assen Kartoffelsalat mit Pommes und Reis:
mein Gott war das heiss! Weisst du noch?

Weisst du noch? Damals unterm Weihnachtsbaum?
Du wolltest immer singen,
das wollt ich ueberspringen,
Weisst du noch? Du wolltest an die Plaetzchen ran
und ich wollt an mein Schaetzchen ran.
und beinah hätt ich dich gefang'.
Auf einmal brennt der ganze Baum
weiss nicht, warum, wir merkten's kaum:
mein Gott war das heiss, weisst du noch?

Das hast du also schon vergessen?
Das weißt du alles gar nicht mehr?
Das müsstest du doch wissen,
das ist noch gar nicht lange her, weisst du noch?

Weisst du noch?
Damals nach dem Zimmerbrand,
den ich damals viel schlimmer fand
Weisst du noch?
S'war alles weiss vom Löscherschaum,
das war so schön, das glaubst du kaum:

Ein zuckerweisser Tannenbaum.
Ich wollt grad mit dir Schlitten fahrn
als leider mein Vermieter kam:
mein Gott war das heiss! Weisst du noch?

Das hast du also schon vergessen...

Du meinst, du bist das nicht gewesen
und das weisst du ganz genau,
du meinst, ich verwechsel dich
mit einer andren Frau.
Ich? Mit einer anderen Frau?
Das kann schon sein......

Weinst du noch? - Bitte, bitte wein nich,
das ist mir furchtbar peinlich,
Weinst du noch? - Bitte, bitte mach kein Scheiss.
und damals das war gar nicht heiss.
Irgendwann wirst du darüber lachen
und Alzheimer Witze machen: Weisst du noch?

Diese Welt Meister

Text & Musik: Bernhard Bentgens

Du gibst alles, was du kannst - alles, alles, alles!
Du kannst alles, was du willst - alles, alles, alles!
Was du willst, ist so klar: du willst alles und mich:
Alles, alles.
Und ich will alles mit dir
weil ich nur mit dir diese Welt meister.

Ich geb alles, was ich kann - alles ist zu wenig
Ich kann alles, was ich will - alles ist zu wenig
was ich will ist so klar: ich will alles und dich

Diese Welt ist schwer allein zu meistern
Diese Welt gibt mehr als nur in ihr rumzugeistern
Ich brauche dich,
weil ich nur mit dir diese Welt meister.
weil ich nur mit dir diese Welt meister.

Du gibst alles, was du kannst
alles ist genug, alles ist genug
du kannst alles, was du willst
alles ist genug, alles ist genug
was du willst, ist so klar: du willst alles und mich: alles

Und ich will alles mit dir
weil ich nur mit dir diese Welt meister.

Wenn du jetzt gehst

Text & Musik: Bernhard Bentgens

Wenn du jetzt gehst, da fühl ich mich nicht gut bei,
Und wenn ich mich nicht gut fühl, ja schau nur,
ich vergeh doch.

Du läßt mich sitzen, läßt dich nicht sehn,
du läßt mich blöde in der Ecke stehn.

Du läßt mich schwitzen, du läßt dich gehn
du gehst jetzt anderen die Köpfe verdrehn.

Du bist so weit weg, so weit,
da ist nur noch ein Echo das kommt zurück.

Wenn du jetzt gehst, da fühl ich mich nicht gut bei,
good bye, good bye.
Und wenn ich mich nicht gut fühl, ja schau nur,
ich vergeh doch.
geh doch, geh doch !

Du läßt mich hängen, du bist brutal
Ich bin dir sowieso schon lange egal.

Dir macht's noch Freude, wenn du es siehst
wie du mir konsequent das Leben vermiest.

Wenn du jetzt gehst, das stört mich ganz bestimmt
nicht.
Stimmt nicht, stimmt nicht.
und da mich das nicht stört, da hoff ich nur,

das stinkt dir.
Stinktier, Stinktier.

Wenn du jetzt gehst, fühl ich mich richtig blöd, Mann:
Blödmann
Ich treff bei dir den Nerv nicht : Nerv nicht.
Wenn du jetzt gehst, dann nervt dein Intellekt mich:
Leck mich.
Wenn du jetzt gehst, dann geh nur richtig schnell
sonst holt dich noch mein Echo ein.

Wenn du jetzt gehst, da fühl ich mich nicht gut bei,
good bye, good bye.
ich reiß mich jetzt zusammen, ja schau nur, ich ver-
geh nich.
Geh nicht, geh nicht!

Wenn mich keiner sehen kann

Text & Musik: Bernhard Bentgens

Wenn mich keiner sehen kann,
wenn mich wirklich keiner sieht,
erst dann kann ich so sein, wie ich bin,
und zwar so, wie ich denke, dass ich sein muss,
wenn mich keiner sehen kann, wenn mich wirklich
keiner sieht

Dann muss ich nicht mehr den Schein wahren.
dann bin ich so, wie ich denke, dass ich bin
ein Klarer Kopf mit Gefühl aus Seide,
ein Sympath mit dem Charme eines Clowns
ein Bruder ein Vater, ein Freund und ein Sohn,
ein Engel als Richter, der weiss alles schon.

Wenn mich keiner sehen kann,
wenn mich wirklich keiner sieht,
erst dann kann ich so sein, wie ich bin,
und zwar so, wie ich denke, dass ich sein muss,
wenn mich keiner sehen kann, wenn mich wirklich
keiner sieht

ein Nachbar der zuhört, ein Lehrer der spricht,
er spricht nur wenn gefragt und sonst nicht
Einer der mitmacht, Einer der lobt
der das Leben an sich selber erprobt
Einer der vorgeht, Einer der sich traut
Einer der vorlebt, leise und laut.

Ich schreibe dir aus der Tiefe meiner Seele,
Wo die Ängste sind und die Lebenskraft.
Da gibt's die Dinge, die dir gehören
die Liebe und die Leidenschaft

Wenn mich keiner sehen kann,
wenn mich wirklich keiner sieht,
erst dann kann ich so sein, wie ich bin,
und zwar so, wie ich denke, dass ich sein muss,
wenn mich keiner sehen kann,
wenn mich wirklich keiner sieht

Dann muss ich nicht mehr den Schein wahren.
ich kann so sein, wie ich will, ich hab die Wahl
und dann kann mich ruhig Jeder sehen
aber das ist mir und dir egal.

Wenn Vati mutiert

Text & Musik: Bernhard Bentgens

meine Kinder waren früher einmal klein -
Da war es einfach ein Superdad zu sein
alles könner, superman - rolemodel no1,
ich war ein papa der alles kann.
Papis Witze waren die besten - zb der:
Zwei Elefanten sehen zum ersten mal einen nackten
Mann.
Sagt der eine Elefant zum anderen:
„Wie kriegt der eigentlich das Essen in den Mund?"

meine Kinder waren früher voll humor -
ich sang und tanzte ihnen immer vor
gutenachtgeschichten - erfinder number one -
ich war ein papa der alles kann.
Papis Witze waren die besten - zb der:
Wie heißt die Mutter von Benjamin Blümchen?
Mutter Törösa!

meine Kinder sind heute richtig groß -
und leider nicht wie früher anspruchslos
wenn ich mit den gleichen Gags heut käme,
erntete ich nur Häme:
oh, Papa, hör doch auf,
ich muss mich für dich schämen

Jetzt sind Papis Witze plötzlich papapeinlich,
obwohl sie ja noch die gleichen Witze sind.

Zb der:

Ich hab bei den Weight Watchern angerufen
aber es hat keiner abgenommen.
oder: kommt ein Pferd in den Blumenladen:
hamse ma geritten?

Wenn Vati mutiert vom Supermann zum Oberdeppen
Früher war ich für sie ein Tarzan, ein Held.
Heute bin ich Cheetah, das Äffchen,
das nur Scheiße erzählt.
wenn Vati mutiert:
Früher war ich Käpten Kirk,
konnt' Spannendes erzählien,
heut bin ich für sie nur noch das hinterletzte Alien.
wenn Vati mutiert.

wenn vati mutiert von superdad zu superbläd -
von ideal zu idiot -
wenn vati mutiert vom besten freund
zum bestenfalls noch taschengeldgeber
wenn Vati mutiert vom brillanten Erzähler
zum Logoröh-Patient.

Meine Kinder komm'n mir unabhängig vor,
nicht finanziell doch im Bezug auf eigenständigen
Humor.
Da sind sie selber jetzt die Helden -
können kreativ vermelden:
ihr Mutterwitz ist stark, sie sind humortechnisch au-
tark
Und Vati mutiert zum ihrem Publikum.
„Was kostet die Angel?"
„10,-€"

„Das ist aber günstig. Wo ist der Haken?"

„Es gibt keinen Haken."

und Vati mutiert zu ihrem Publikum
und findet ihre Witze toll, zb den:
geht ein Dalmatiner einkaufen,
fragt die Kassiererin: sammeln sie Punkte?
oder:
Ich wollte Spiderman anrufen, aber er hatte kein
Netz.

und Vati mutiert zu ihrem Publikum und erzählt begeistert ihre Witze nach, zb den:
Der Vater sagt zum Sohn: Sohn, ich muss dir was
sagen. Du wurdest adoptiert.
Sagt der Sohn: WAS! Ich will sofort meine echten
Eltern kennenlernen.
Darauf der Vater: Wir sind deine echten Eltern!
Und jetzt mach dich fertig, du wirst in 20 Minuten abgeholt.

Weststadt - Wurzeln

Text & Musik: Bernhard Bentgens

Diese Welt ist wie ein Garten
Wir laufen da drin rum
Und wachsen hoch ans Licht.
Doch wenn wir kurz wo warten
schon schlagen wir Wurzeln
Ob wir wollen oder nicht.

Ach Gott, wie viele Wurzeln hab ich schon ignoriert,
bin weggezogen und fühlte mich ganz frei.
Später erst hab ich gemerkt, da ist doch was passiert
und spür ich hab die Wurzeln noch dabei.
Aus einer kleinen Wurzel, da wächst ein ganzer
Baum
das will ich auch, so wachsen, das ist mein größter
Traum.
Deshalb schlage ich jetzt Wurzeln, ja wo gefällt es
mir?
Irgendwo muß ich ja bleiben, warum nicht ausge-
rechnet hier?

Ich schlage Wurzeln, ich weiß, das klingt brutal.
Ich schlage gerne Wurzeln. Ich hab da keine Wahl.
Das schlimmste (schönste) aber ist: Meine Kinder
schlagen nach mir:
Auch sie schlagen Wurzeln und zwar hier bei mir:
Ein warmes Lüftchen bläst matt
Hier durch meine Weststadt
Neidisch schaut die Reststadt
Auf den, der hier sein Nest hat.

Diese Welt ist wie ein Garten
Wir laufen da drin rum
Und wachsen hoch ans Licht.
Doch wenn wir kurz wo warten
schon schlagen wir Wurzeln
Ob wir wollen oder nicht.

Ach, Gott, das geht so schnell,
du bleibst irgendwo kleben
Eine kleine Pause nur und schon willst du da leben.
Deshalb passe auf dich auf und prüfe immer ehrlich
Könntst du hier?
Jeder AutobahnRastplatz ist gefährlich.
Aus einer kleinen Wurzel,
da wächst ein ganzer Baum
das will ich auch, so wachsen,
das ist mein größter Traum.
Deshalb schlage ich jetzt Wurzeln,
a wo gefällt es mir?
Irgendwo muß ich ja bleiben,
warum nicht ausgerechnet hier?

Ich wollt doch immer nach Berlin
Da komm ich so wohl nicht mehr hin.
Ich wollt mal angeln gehen am Hudson
kann ich von der Backe kratzen.
Ich wollt vielleicht zurück nach Essen
Das kann ich jetzt ja wohl vergessen.
Ich esse mich am Rest satt
du sagtest noch: Ja, esst watt!
Weil mich dat sogestresst hat

wat heisst „gestresst", erpresst hat –
drum bleib ich in der Weststadt

Wurzeln sind ja schön und gut,
doch sie sind in der Erde
Doch wichtig ist,
das oben dabei raus kommen werde
eine Rose oder' Klee
Bohnenkaffe oder Tee
ab und zu ein schöner Song
den kann ich reiten aufm Balkon

Ein warmes Lüftchen bläst matt
Hier durch meine Weststadt
Neidisch schaut die Reststadt
Auf den, der hier sein Nest hat.

Wie ein Dübel in der Wand
Text & Musik: Bernhard Bentgens

1.

Meine Liebe ist so fest
wie 1 Dübel in der Wand.
Den kriegst du da so schnell nicht weg.
Da kannst du rütteln und reißen, wie du willst,
da kannst du machen was du willst,
meine Liebe ist so fest,
wie 1 Dübel in der Wand!

2.

Da kommt eine andre Frau
die findet mich wohl auch interessant.
Die lacht mich an:
Das hat keinen Zweck !
Da kann sie rütteln und reißen, wie sie will,
da kann sie machen, was sie will:
meine Liebe ist so fest,
wie 1 Dübel in der Wand!

3.

Was hat die andre Frau
denn da in ihrer Hand ?
1 Schraubenzieher, ach du Schreck !
Die setzt das richtige Werkzeug ein und dann :
Meine Liebe war so fest
wie 1 Dübel in der Wand.

Wir bauen immer höher immer schneller immer weiter

Text & Musik: Bernhard Bentgens

Wir bauen immer höher immer schneller immer weiter
Wir werden immer lockerer – und immer gescheiter
Wir klettern immer höher auf der Karriere –Leiter
Wir bauen immer billiger, wir bauen immer breiter
Unsre Finanzen steigern sich exponential
Der Supergau schon programmiert
Wir wollen diesen Knall
Zinseszinsen hauen eines Tages alles klein
Wir gehen drauf und fahren noch Gewinne dabei ein.
Wir müssen expandieren
weil wir ja sonst stagnieren
und lügen in die Tasche
dass das die beste Masche
zum überleben sei
Stagnieren ist nicht gut, drum baun wir immer weiter.
Eins und zwei und drei und vier
So fings an, addierten wir
Drei mal drei mal drei mal drei
Multiplikation – da ist nix dabei
Dreizehn mal und dann plus Zins
Das läppert sich, was du gewinnst
Zinseszins – das weiss man schon
Ist eine Kostenexplosion.
Dabei steht uns in den Genen
Nur der Nestbau für die kleenen
Alles andere voll daneben
In einem Nest kannst du nur leben
Alles andere Unsinn pur

Und wider die Natur
Jedes Jahr ein neueres
jedes Mal ein teueres
jedes Nest wird schöner sein
das alte viel zu klein
Wir haben lang noch nicht genug
Vom wirtschaftlichen Höhenflug
Die Hypothekenzinsen steigen
Wie weit wird sich noch zeigen
Eines Tages jedenfalls
Brechen sie uns den Hals
Wenn wir alle zusammen ins Verderben gehen,
scheint sich keiner zu bewegen.
Aber wenn du dir sagst: ich bleib mal stehen
Dann wirst du alle anderen
ins Verderben rennen sehen

Wir Künstler haben den schönsten Beruf der Welt

Text & Musik: Bernhard Bentgens

Wir Künstler haben den schönsten Beruf der Welt
Wir singen am Abend – verdienen damit soviel Geld
Damit wir den Rest der Woche auf der faulen Haut
leben
Und nur aufstehen, um das viele Geld wieder auszu-
geben

Wir Künstler sind dufte wir Künstler sind toll
Und alle schmeissen uns mit Geld und Auftritten voll.

Wir Künstler – haben den schönsten Beruf der Welt
Wir feiern die Kunst – und machen nur was uns ge-
fällt.

Der Zauber des Alltax

Text & Musik: Bernhard Bentgens

Du verzauberst mich,
wenn ich dich seh, dann wird mir ganz anders
du ziehst mich magisch an.
Ich zieh dich magisch aus.

Du siehst mich magisch an
ich seh nicht magisch aus
das magisch
Isch find disch escht sauber

Du bist die Magierin,
ach was,
Du bist die Zauberin,
ach was,
Du bist die Hexe
die mich verhext
und mich an der Nas rumführt
und überhaupt,
ich kann mich gar nicht wehren.

Wenn du dich plötzlich umdrehst
und du schaust mich an,
dann fängst du zu lachen.

Dann stellt sich dieser Zauber ein
ich fühl mich voll im Paradies.
Dann möcht ich Richard Tauber sein
dann schmeckt mein Leben süß.

(Dann möchtest du wohl tauber sein als eine hohle
Nuß)

Der Zauber des Alltax

Diese Melodie
sie geht direkt ins Knie
von dort direkt ins Herz
die vergisst du nie

Dieses Lied hat 1 Zauber
(das klingt wie nicht ganz sauber)
doch Tatsache ist:

Der 1. Zauber war
das war ganz wunderbar
das Lied schrieb sich allein
in mein Herz hinein.

Die 2.Zauberei
das Lied blieb nicht dabei:
es wollt nach draußen dringen
ich mußte es schnell singen.

Der 3.Zauber ist,
daß man's nicht mehr vergißt
drum schallt es ohne Stop
selbst heute noch - und ob! :

ZauberLied
Text & Musik: Bernhard Bentgens

Vorsicht,
dies ist ein ZauberLied!
Vorsicht, es verzaubert dich
es hat den ZauberBeat!

Vorsicht,
dies ist ein ZauberLied!
da zuckt dir jedes Glied
das hat den ZauberBeat
und alle singen miet!

die Finger wollen schnippen
die Füße wollen wippen
da zucken deine Lippen
das Herz schlägt an die Rippen
der Mund formt sich zum Schrei
ay ay ay ay ay
das ist Zauber- ay ay ay ay

Ich seh dich magisch an,
ich verzauber dich,
ich zieh dich magisch an
ich zieh dich magisch aus - der Menge
du legst dich in die Länge

Die Kettensäge kreischt wie nie
Ich bin der Magier und du Magie A!

Das ist mein Zauber
Ich zersäg dich sauber
ohne große Eile
in 3 gleiche Teile

deine Finger wollen schnippen
deine Füße wollen wippen
da zucken deine Lippen
dein Herz schlägt an die Rippen
dein Mund formt sich zum Schrei:
ay ay ay ay ay
das ist Zauber - ay ay ay ay

Denn ich habe dich zersägt.
in 3 Teile glatt zerlegt.
die Zuschauer die toben
ich muß mich selber loben

ok, die Schnitte könnten sauberer.
ich bin nur'n HobbyZauberer.
die Menge johlt und kichert
keine Angst, ich bin versichert

das macht die Allianz, vielleicht
kriegt die dich wieder ganz.
vorher nur eins jetzt bist du drei
hier endet meine Zauberei

Eins Trick wie er im Buche steht
weiß nur nicht wie er weitergeht

Ich geh dann jetzt und ciao
du zauberhaft zersägte Frau As

deine Finger wollen schnippen
deine Füße wollen wippen
da zucken deine Lippen
dein Herz schlägt an die Rippen
dein Mund formt sich zum Schrei:
ay ay ay ay ay

Das magisch, das magisch,
uh - das magisch.

Wir reisen durch die Zeit
Text & Musik: Bernhard Bentgens

te amo, cum te video gaudio***

ich möchte mit dir durch die Zeit reisen
und überall kurz halten für ein kleines Liebeslied ***
und möchte dir mit der Zeit beweisen
dass ich glücklich bin, dass es dich gibt ***
ich würde gerne halten, in den Zeiten des Barock:
dann klänge dieses Lied in etwa so:
Ich liebe dich, wenn ich dich sehe, hüpft mein Herz.

doch du hast Angst und bist voll dagegen
befürchtest, dass wir uns zeitlich selbst begegnen
und dieses Paradoxon brächte
die ganze Welt in Not
und am Ende wären wir beide tot.
***
und trotzdem möcht ich durch die Zeit reisen
und überall kurz halten für ein kleines Liebeslied
und möchte dir mit der Zeit beweisen
dass ich glücklich bin, dass es dich gibt
ich würde gerne halten, in der Zeit der Wiener Klassik
dann klänge dieses Lied in etwa so:
Ich liebe dich, wenn ich dich sehe, hüpft mein Herz.

Nein, du bist dagegen, willst niemals so was machen,
reisen durch die Zeit und solche schlimmen Sachen.
Beruhige dich und sei wieder verträglich
denn Zeitreisen sind doch gar nicht möglich,

da nimmst du mich tröstend in den Arm
und sprichst mit dem nur dir eigenen Charme:
Zeitreisen gehe schon; doch nur
langsam in einer Richtung mit der Uhr
du meinst, wir reisten doch durch die Zeit,
doch eben nur in eine Richtung
und immer fehle die Zeit
für historische Liebesdichtung.
und irgendwann am Ende
sei's nicht mehr Honigbrot
und dann wärn wir beide tot. (Stimmt)
***

und trotzdem möcht ich durch die Zeit reisen
und noch einmal kurz halten für ein kleines Liebeslied
ich würde noch mal halten, in der Zeit der Gregoria-
nik:
dann klänge dieses Lied in etwa so:
te amo, cum te video gaudio ***

Zur Zeit
Text & Musik: Bernhard Bentgens

Es war einmal ein Vogel
der glücklich war und sang
der trällerte so vor sich hin
und das sein ganzes Leben lang.

Jeder der ihn hörte,
freute sich und dachte still :
„ Hat der denn gar nichts andres zu tun,
was der mit seinem Singen wohl will ? „

Der Vogel sang :
Zur Zeit fällt mir mal gar nichts ein
zur Zeit hab ich keine Idee,
zur Zeit sing ich nur dieses Lied
weil zur Zeit auch gar nichts andres geschieht.

Da kam einmal ein Jäger
mit seinem Schießgewehr
der legte auf den Vogel an
und sagte zu ihm : „Jetzt hör mal her.“

„ Sing doch mal was Gescheites
ein Lied nach meinem Geschmack.
Es darf nur 3 Minuten lang sein,
wenn nicht, dann knall ich dich ab .“

Und der Vogel sang :

Zur Zeit fällt mir mal gar nichts ein
zur Zeit hab ich keine Idee,
zur Zeit sing ich nur dieses Lied
weil zur Zeit auch gar nichts andres geschieht.

Zur Zeit bleibt die Zeit mal stehn
die Zeit die sonst immer nur flieht.
zur Zeit kann keine Zeit vergehn
alle Zeit vergeht in diesem Lied.

Und die Zeit blieb stehen
weil der Vogel sang -
der Jäger war gebannt und konnt' nicht weitergehn
er lauschte eine Ewigkeit lang.

Dann plötzlich schoß der Jäger
verjagt ihn denn er schoß vorbei.
Das Lied hatte ihm zwar gefallen
doch noch mehr gefiel ihm die Schießerei.

Und die Moral des Liedes:
Mit Vögeln lass dir Zeit.
Sonst geht es dir wie dem Jägersmann
du schießt und später tut es dir leid.

und der Jäger sang :

Zur Zeit fällt mir mal gar nichts ein
zur Zeit hab ich keine Idee,
zur Zeit sing ich nur dieses Lied
weil zur Zeit auch gar nichts andres geschieht.

Zur Zeit bleibt die Zeit mal stehn
die Zeit die sonst immer nur flieht.
zur Zeit kann keine Zeit vergehn
alle Zeit vergeht in diesem Lied.

In diesem Lied.....